CONVIÉRTASE EN UNA

MUJER *de* **RESIL**

CUMPLIMIENTO *y* **PRO**

LA
UNCIÓN DE
ANA

MICHELLE McCLAIN-WALTERS

CASA
CREACIÓN
Para vivir la Palabra

Para vivir la Palabra

MANTÉNGANSE ALERTA;
PERMANEZCAN FIRMES EN LA FE;
SEAN VALIENTES Y FUERTES.
—1 CORINTIOS 16:13 (NVI)

La unción de Ana por Michelle McClain-Walters
Publicado por Casa Creación
Miami, Fl
www.casacreacion.com
© 2019 Casa Creación

Library of Congress Control Number: 2019932031
ISBN: 978-1-629994-10-9
E-book: 978-1-62999-419-2

Desarrollo editorial: *Grupo Nivel Uno, Inc.*
Diseño interior y portada: *Grupo Nivel Uno, Inc.*
Todos los derechos reservados

Publicado originalmente en inglés bajo el título:
    The Hannah Anointing
    Publicado por Charisma House,
    Lake Mary, FL 32746 USA
    © 2019 Michelle McClain-Walters
    Todos los derechos reservados

Visite la página web de la autora: www.michellemcclainwalters.com

Nota de la editorial: Aunque la autora hizo todo lo posible por proveer teléfonos y
páginas de internet correctas al momento de la publicación de este libro, ni la editorial ni
la autora se responsabilizan por errores o cambios que puedan surgir luego de haberse
publicado.

Impreso en Colombia

24 25 26 27 28 LBS 10 9 8 7 6 5 4 3

CONTENIDO

Introducción

USTED ES LA RESPUESTA

La creación aguarda con ansiedad la revelación de los hijos de Dios...toda la creación todavía gime a una, como si tuviera dolores de parto.

–Romanos 8:19, 22, NVI

LA TIERRA GIME. ¿Puede escucharla? Un problema tras otro. Una crisis tras otra. Separación, deshonra e irrespeto. Adicción, asesinato y suicidios. Depresión, ira y amargura. Temor, preocupación y descontento. Epidemias del corazón, mente, alma y cuerpo amenazan el tejido de la creación de Dios.

¿Quién tiene las respuestas? ¿Dónde están los hijos de Dios que dirigirán el próximo movimiento para encontrarlas? ¿Quién guiará el próximo mover de Dios? ¿Quién se ofrecerá para terminar con la pobreza, la indigencia y el hambre? ¿Quién comunicará paz y prosperidad entre las naciones? ¿Quién entregará la palabra del Señor y llevará sanidad? ¿Quién sanará los corazones quebrantados? ¿Quién amará a los que no infunden amor? ¿Quién libertará a los oprimidos? ¿Quién llevará gozo a donde hay pesar?

La tierra gime. ¿Puede escucharla?

El Señor me ha estado hablando acerca de una compañía de mujeres surgiendo con respuestas en su vientre. Los libros que he escrito durante los últimos años resaltando a las mujeres de la Biblia han estado derramando las revelaciones que Dios me ha estado dando sobre el impacto único e irremplazable de las mujeres que conocen su propósito y destino, que saben cómo discernir los tiempos y las épocas, y que están activas, unidas y apoyadas en sus misiones.

Estoy convencida de esto: Dios no cometió ningún error al crear a las mujeres con la capacidad de dar vida a las respuestas por las que nuestro mundo tiene hambre y sed. Él lo hizo de tal manera que no solo damos vida, sino que, además, lo hacemos en el tiempo oportuno. Dios es un Dios del tiempo justo, y Él entrega sus promesas en el momento adecuado; no mucho antes ni mucho después. Sus promesas para libertar, sanar, incrementar y dar paz y salvación se cumplen a través nuestro en dos maneras:

1. El nacimiento natural/físico/generacional: Usted podría estar criando a la próxima generación de personas que cambian al mundo. Sus hijos naturales y sus nietos podrían ser las respuestas.
2. El nacimiento de su sueño/propósito/destino: Lo que Dios ha puesto en su corazón podría ser lo que cambie el mundo: libros, negocios, ideas, curas y otras innovaciones.

No hay límites para su productividad

Algunas de nosotras estamos tan acostumbradas a estar limitadas por los hombres, que le apuesto que vio los dos puntos anteriores y empezó a pensar "¿en qué forma quiere Dios entregar su semilla prometida a través de mí?". Bien, yo estoy aquí para decirle que uno tiene que escoger en qué manera será productiva. Ambas son parte de la esencia de su identidad, y las mujeres son creadas para hacer ambas cosas con estilo y gracia. La parte complicada viene en administrarlas efectivamente a través del discernimiento y de responder al plan de Dios dentro del tiempo perfecto de Dios y estar segura de sí misma.

Si es insegura y carece de confianza en las áreas que ha sido llamada a reproducir, la gente tanto dentro como fuera del reino de Dios hará que usted piense que tiene que elegir una o la otra, que no puede tener todo lo que Dios ha prometido. La gente se precipita a dar sus opiniones e imponer sus convicciones en lo que piensa que debería ser su llamado. Es importante para las Anas mantenerse enfocadas y confiadas en Dios y en sus promesas para ellas de manera que la multitud de voces, que las pueden guiar a la duda, no las distraigan. Ellas tienen que estar dispuestas a romper paradigmas de la cultura y saber que, en Dios, no hay límites. Estamos ungidas para ser fructíferas y para multiplicarnos en todas las áreas de la vida.

Vea a las mujeres que le antecedieron. Algunas dieron vida a hijos naturales, hijos espirituales y a movimientos que cambiaron la cultura simultáneamente. Otras dieron vida a lo primero o lo segundo. A algunas las conoce bien; las otras son mujeres comunes cuyos nombres no se mencionan en la historia. Tome como ejemplo a la madre de Noé. No sabemos su nombre, pero sabemos que dio vida y crio al único hombre vivo que temía a Dios en aquel tiempo y le fue contado por justicia. (Vea Génesis 6). Por fe, él construyó un arca y salvó a la raza humana de ser aniquilada por la ira y el juicio de Dios (Hebreos 11:7). La madre de Abraham, de quien tampoco se menciona el nombre, dio a luz al padre de muchas naciones. Dios bendijo a Abraham y prometió bendecirnos a nosotras y a todas las naciones de la tierra a través de su simiente. (Vea Génesis 17; 22:18).

Rebeca dio a luz a Jacob, cuyo nombre fue cambiado a Israel después de que él luchó con Dios y prevaleció. Sus doce hijos fueron los líderes de las tribus de Israel. Raquel dio a luz a José, el soñador, quien fue vendido a la esclavitud egipcia y pasó de una prisión al palacio, todo para preparar el camino para que el pueblo de Dios fuera salvado y protegido de la hambruna. Jocabed dio a luz a Moisés, el que libertó al pueblo de Dios de Egipto y los guio a la tierra que Dios les había prometido. Aunque su nombre no se menciona, la madre del rey David crio al rey más grande que haya existido, un amigo de Dios, y quien estableció el movimiento eterno de adoración y alabanza. María dio a luz a Jesucristo, el Salvador del mundo.

Luego, está Miriam, la hermana de Moisés, quien dio vida a la adoración profética extravagante, con instrumentos, canciones, danza y expresiones incluso antes del nacimiento del rey David. (Vea Éxodo 15:20). Ester dio a luz a un movimiento de oración que rompe ataduras. Débora dio vida a hijos espirituales: profetas, jueces y héroes de guerra.

Y luego, tenemos a Ana. Ella dio a luz a Samuel, quien fue uno de los profetas más grandes y cuyas palabras nunca cayeron a tierra (1 Samuel 3:19). Él restauró el orden profético entre el pueblo de Dios y ministró a reyes.

Generación tras generación, las mujeres han estado dando vida a personas y movimientos que pueden sacudir al mundo. Esto continúa hoy día con las mujeres que dan vida y nutren a nuestros cambiadores de cultura; gigantes de la ciencia y la tecnología; ganadores de Premio Nobel, líderes que cambian al mundo; escritores de canciones, de libros y artistas que crean cosas que nos conmueven; y pastores, evangelistas y evangelistas itinerantes que predican, enseñan y sanan con el fuego del Espíritu Santo. Las mujeres hacen esto en la línea de fuego y tras bambalinas.

La estrategia del enemigo es poner límites sobre las mujeres y el valor que traemos a los espacios que ocupamos. Él ha sesgado el campo de juego, hizo que la oposición pareciera mayor de lo que es y nos ha utilizado contra nuestra propia carne. Sin embargo, hay un gran llamado que habita solo dentro de las mujeres. Los hombres no fueron creados para hacer lo que hacemos las mujeres. Pero no es solo nuestra predisposición biológica para dar vida a hijos naturales lo que nos capacita para iniciar vida nueva. Nuestra biología apunta a una relevancia espiritual profunda que las mujeres tenemos en la tierra, el reino y la eternidad.

Desde bebés hasta negocios, somos portadoras de cosas nuevas y gloriosas que Dios desea liberar en la tierra. Llevamos en nuestro interior la promesa del próximo presidente, pastor, o empresario; o de una solución que Dios da a los problemas, temas y tragedias que vemos en nuestro mundo a diario. Hay un gran déficit en la tierra, y las Anas de la era moderna portamos y entregamos la promesa que llenará las brechas y liberará el poder y la gloria de Dios en nuestra vida y comunidad.

¿Qué es la unción de Ana?

Un aspecto de la unción de Ana es la capacidad de manejar la esencia de lo que significa ser una mujer y atravesar los intentos del enemigo para cerrar el vientre. Al principio, Dios creó a la mujer para albergar generaciones de personas que llenarían la tierra con la santidad, belleza y gloria de Dios. Junto con el hombre, a la mujer se le encargó ser productiva, multiplicarse y subyugar la tierra (Génesis 1:28).

Otro aspecto de la unción de Ana es el espíritu de perseverancia. La Biblia dice que el que persevera hasta el final, será salvo (Mateo 24:13) y que recibirá lo prometido (Hebreos 10:36). La palabra *perseverar* en griego es *hupomone*. Significa "constancia, perseverancia, continuidad, sobrellevar, resolución, sostener, resistencia paciente". La palabra combina *hupo*, 'bajo', y *mone*, 'permanecer'. Describe la capacidad para continuar soportando bajo circunstancias difíciles, no con una complacencia pasiva, sino con una fortaleza esperanzada que resiste activamente el desgaste y la derrota".[1]

Las Anas de la era moderna permanecerán firmes en las promesas de Dios y no serán influenciadas por las críticas de los demás. Serán implacables ante la duda. No se conformarán con nada menos que la voluntad de Dios en su vida. La unción de Ana es la capacidad de tolerar y soportar la presión y la persecución, sin ceder su postura de fe en las promesas de Dios. Es la capacidad de no perder el valor bajo las presiones de las promesas no cumplidas.

Las Anas saben quiénes son. Tienen confianza en sí mismas. Están afirmadas por Dios en vez de tener autoafirmación. Son perseverantes, persistentes, resilientes, humildes, dedicadas a la oración, proféticas y afectuosas.

El nombre "Ana" significa "gracia" o "misericordia",[2] aunque no pareciera como si alguno de estos estuviera activo en la vida de Ana ya que la hallamos sufriendo durante una etapa de infertilidad. Ana, cuya palabra en hebreo es *Channah*, también significa "súplica" u "oración".[3] *Channah* está relacionada con la palabra *channowth*, que significa "suplicar, compadecer, ser misericordiosa".[4] Tanto el nombre de Ana como *channonwth* provienen de la raíz hebrea *chanan*. Esta palabra significa "ser misericordiosa, mostrar favor o lástima", o "propiamente, inclinarse o agacharse bondadosamente ante un inferior; favorecer… causativamente, implorar (ejemplo: favorecer por petición): rogar (ser) misericordiosa sentir lástima por alguien, orar, suplicar".[5]

El nombre de Ana no solo significa lo que ella era, sino que, además, describe la postura que tomó ante el Señor mientras suplicaba para que sus promesas se manifestaran en la vida de ella. Ella se inclinó, o agachó, en la presencia de Dios en oración, clamando a Él para que le diera un hijo. Ella buscó y rogó el favor de Dios y le imploró que le mostrara misericordia.

Ana oró, ella procuró persistente y tenazmente la promesa de Dios en su vida, y no cedió hasta que el Señor la bendijo. Soportó el tormento, la burla y ser malentendida por la manera en que oraba. Ella resistió la tentación a ceder, a conformarse con lo que tenía y a abandonar su sueño de tener un hijo. La historia de Ana es el prototipo profético para las mujeres de todo lugar para que oren y nunca se desanimen hasta ver cumplidas las promesas de Dios, hasta que vean la mano del enemigo ser quitada de encima de ellas, y hasta que vean al espíritu de esterilidad destruido y el retorno de la productividad.

A través de la historia de Ana, usted verá cómo no solo el nacimiento biológico de una semilla es lo que trae las respuestas que busca. Las respuestas a nuestras oraciones constantes de fe y ruego vienen tanto en formas naturales como espirituales. Hay muchas mujeres que fueron estériles que tendrán hijos, pero aún hay más que aprender en la historia de Ana. Si se ha esforzado en oración por mucho tiempo sobre un sueño, un negocio o una idea que abra camino, ¿podría esto también ser su Samuel? ¿Podría el cumplimiento de su sueño y propósito principal ser lo que cambia todo?

Las Anas de la era moderna llevan en su interior las respuestas por las que la gente clama. En el tiempo de Ana, el pueblo de Israel estaba en una sequía espiritual y no había escuchado a Dios por mucho tiempo. Ana estaba desesperada por tener un hijo. Ella no esperaba que mientras rogaba para que se cumplieran sus propios deseos, Dios la estaba preparando para dar a luz al hombre que empezaría un movimiento profético que cambiaría al mundo y que sería la fuerza conectora que llevaría al pueblo de Dios a un reencuentro con Él.

Mujer de Dios, la respuesta a sus oraciones está por venir. No se rinda. Resista el desánimo y la distracción, y sea resiliente de cara a los reveses y los fracasos. No tema intentar una y otra vez. La época de esterilidad que está experimentando no es lo que parece ser en la superficie. Dios responderá y le concederá los deseos de su corazón. Verá el fruto de su labor.

Impedimentos para la unción de Ana

A medida que estudiemos la historia a través de una perspectiva profética, quedará claro que estas seis características formulan la artillería espiritual que ataca a la unción de Ana:

1. **Celos:** personificados por las burlas y el tormento por parte de Penina.

2. **Rechazo:** viene como resultado de periodos extendidos de oraciones sin respuesta.
3. **Transigencia:** propuesta de las palabras del esposo de Ana, Elcana.
4. **Juicio y crítica:** se ve en la respuesta de Elí por la forma en que Ana oró en el templo.
5. **Vergüenza:** juicio de la sociedad en la época de Ana contra las mujeres que no podían tener hijos.
6. **Tentación:** sentir orgullo y desear venganza después de que la promesa se manifestó.

Cómo triunfan las Anas y vuelven a ser productivas

Ana hizo una promesa a Dios que desató un excedente de multiplicación e incremento. Ella cambió su enfoque en sí misma y usó su angustia para perseverar hasta que su esterilidad desapareciera. Ana fue una imagen profética de lo que sucede cuando una mujer derrama su corazón ante Dios. Las Anas de la era moderna lanzarán un clamor de desesperación que liberará el ámbito de los milagros. Este don requerirá lo siguiente:

Resistencia

Como mencioné anteriormente, las Anas son conocidas por su capacidad de resistir y permanecer concentradas en la promesa de Dios para su vida. Esta es una clave para avanzar a través de las épocas cuando el Señor cierra la producción en nuestra vida. Es la clave principal para superar los celos, las tentaciones para ceder y conformarse con algo menor al ideal de Dios y el juicio y la crítica infames contra su situación.

Oración

Ana perseveró en la oración regresando al templo año tras año. Encontró fortaleza y confirmación en la casa del Señor. Ella perseveró en mantener tres posturas importantes para el avance: resistencia, firmeza y resiliencia.

Acuerdo y asociación

La gracia de Ana cambió una interacción potencialmente incómoda con el sacerdote Elí en acuerdo y bendición.

Una promesa nueva

El tiempo de Ana en oración la llevó de querer un hijo para satisfacción propia a querer un hijo para el servicio del Señor. Dios honró la promesa de Ana cuando ella se conectó con el poder de la rendición. En respuesta a su rendimiento, Dios derramó para ella un excedente de multiplicación e incremento.

Escogida por Dios

Ana fue escogida por Dios para modelar gracia y humildad en acción. ¿Qué hace usted cuando es escogida por Dios? ¿Qué hace cuando el sueño en su corazón también está en el corazón de Dios? El gozo y el dolor de ser elegida por Dios son, al mismo tiempo, sorprendentes y aterradores; usted es elegida por Dios para una gran tarea, pero está completamente a oscuras mientras se le prepara. Aquí es donde confiar en el Señor es un desafío. La confesión de mi vida es: Cuando no entiendo las obras de la mano de Dios en mi vida, confío en su corazón de amor por mí.

Dios nos ha llamado y escogido para avanzar el reino junto con él, pero nunca podríamos imaginar, ni en nuestros mejores sueños, a dónde nos puede llevar someternos a su voluntad. El proceso por el que uno tiene que pasar como una elegida requiere fe, paciencia, resistencia, humildad y confianza pura en los caminos y los hechos del Señor. Sus caminos no son nuestros caminos.

Para andar en la unción de Ana, se necesitará poner la otra mejilla en medio de la persecución. No es tarea fácil permanecer en fe, creyendo la Palabra de Dios contra todo pronóstico y toda circunstancia natural e, incluso, contra lo que a veces parece derrota.

Ana fue una mujer escogida por Dios para dar a luz a Samuel, el profeta. Su condición infértil era un paralelo de la condición infértil de Israel. No había una voz profética en la tierra. La Biblia dice: "La palabra de Jehová escaseaba en aquellos días; no había visión con frecuencia" (1 Samuel 3:1). Ana no sabía que su intensa carga e intercesión por un hijo se movía en conjunto con el corazón de Dios para liberar una voz profética en la tierra.

Creo que el sueño que Él puso en su corazón es el sueño del corazón de Dios. Hay muchos problemas que necesitan soluciones, y Dios usará a las Anas de la era moderna para darlas a luz. Él usará mujeres que hayan pasado por pruebas y dificultades intensas para llevar gran liberación a su generación. Ellas verán milagros y provisión. Conocerán una productividad y plenitud que solo puede venir de la mano del Señor. Las Anas de la era moderna experimentarán crecimiento y autoridad en el ámbito natural así como en el ámbito espiritual. Ellas son las que escucharán: "Hija, el Dios de Israel te ha concedido la petición que le hiciste". (Vea 1 Samuel 1:17).

Ana tenía el corazón de fe de una vencedora. Su corazón de fe la ayudó a sobrellevar situaciones difíciles en la vida que habrían destruido a otras. La prueba de su fe produjo paciencia y resistencia. Ella desarrolló la victoria que venció al mundo a través de su fe. Este es el corazón de Ana, y le desafío a que se conecte a él. Cuando lo haga, verá los ciclos de esterilidad, escasez e improductividad física o espiritual apartadas de su vida. El deseo de Dios es verla andar en la plenitud del deseo más profundo de su corazón. ¿Qué es lo que está pidiendo que aún no se ha manifestado en su vida? ¿Hasta dónde está dispuesta a llegar para ver la promesa de Dios cumplida en su vida?

Dios está levantando mujeres con una unción de Ana que tienen la desesperación para clamar hasta que la productividad vuelva a su vida, la tenacidad para luchar contra la desilusión que viene en tiempos de espera, y el valor para rendir precisamente aquello por lo que ora. Estas son las mujeres que verán el nacimiento de la promesa de Dios manifestado en su vida y en las generaciones venideras.

Al empezar este recorrido juntas a través del dolor y la vergüenza de la esterilidad e infertilidad, tanto en lo natural como en lo espiritual, declaro para usted hoy que su época de esterilidad es temporal y está llegando a su fin. No sufrirá por mucho tiempo. No será avergonzada. El Señor peleará por usted. Solo necesita permanecer quieta y verá la salvación de Dios. Su semilla prometida está en camino.

Oración para activar la unción de Ana

Padre, gracias por facultarme con el espíritu de resistencia. Decreto que soy fortalecida con toda capacidad, según tu glorioso poder, para toda resistencia y paciencia. Tomo autoridad sobre los espíritus de control mental y de ceguera mental. Desato tu poder sobre mi vida y mi situación. Permite que este sea un día de avance. Que sea un día de tu gloria.

Ordeno que todo espíritu de limitación, espíritu de esterilidad y escasez, y espíritu de pitón que sean atados y que liberen mi mente, voluntad y emociones en el nombre de Jesús. Me opongo a todo intento para sabotear y extraer la vida de la promesa de Dios sobre mí.

Padre, te ruego que tu gloria y tu gracia sean derramadas sobre mí. Sáname y devuélveme la esperanza en el futuro y en el destino que has diseñado para mi vida. Llévame a un lugar de avance, pues tú haces caminos donde no hay. Tú vas delante de mí. Te bendigo y te pongo en primer lugar. Recuerdo tu nombre, oh Dios. Tu nombre es grande y digno de suprema alabanza.

Decreto que se rompe toda mordaza que ha estado sobre mi alabanza. Decreto que en mi boca estará la suprema alabanza de Dios y en mi mano, una espada de dos filos. Tomo autoridad sobre el espíritu de hibernación y apatía. Dios, te ruego que envíes tu fuego consumidor a mi vida y que enciendas mi corazón para alabarte y profetizar de tu poder, protección y libertad, tal como lo hizo Ana. Que en mi alabanza haya fuego donde el enemigo trató de arrebatar los aleluyas de mi boca. Te bendeciré Señor en todo tiempo. Grito ¡aleluya!

Capítulo 1

CERRADO POR UNA TEMPORADA

Hubo un varón de Ramataim de Zofim, del monte de Efraín, que se llamaba Elcana... Y tenía él dos mujeres; el nombre de una era Ana... Pero a Ana daba una parte escogida; porque amaba a Ana, aunque Jehová no le había concedido tener hijos.

—1 Samuel 1:1–2, 5

MUCHAS MUJERES, CASADAS y solteras, lidian con el dolor y la vergüenza de no poder tener hijos propios. Las mujeres casadas soportan las consultas médicas frías e invasivas; contienen la respiración mientras son pinchadas por millonésima vez con las dolorosas inyecciones de hormonas; y derraman lágrimas sobre los resultados negativos de otra prueba más de embarazo. Las mujeres solteras, que han perdido la cuenta de los años que han estado esperando por la pareja adecuada, también quieren sentir el gozo de la maternidad. Acuden a Dios no solo por el compañero de su vida, sino también para unirse al clamor por hijos e hijas. En ambos casos, la frustración y la vergüenza pueden ser sofocantes.

Que Dios cierre deliberadamente la productividad, por un tiempo, en la vida de una mujer es difícil de imaginar, pero eso es exactamente lo que Él hizo con Ana y con algunas de nosotras hoy día. A veces, Dios tiene que cerrar la producción por un tiempo para hacer un mantenimiento adecuado, mejoras, renovaciones y otros tipos de reparaciones espirituales, emocionales, mentales o físicas necesarias para que podamos estar en condiciones óptimas para recibir y administrar el siguiente nivel de incremento y multiplicación que Él está por derramar.

Quizá usted ha visto los siguientes letreros en algunos de sus restaurantes o tiendas favoritas: Cerrado por reparación, Cerrado por mantenimiento, Cerrado por remodelación, Cerrado por renovación o Cerrado por inventario. Es frustrante cuando usted ansía su postre favorito o cuando hay un traje que vio en la vitrina la semana anterior y que regresó para comprarlo. Sin embargo, sabe que, si tiene paciencia, su lugar favorito volverá siendo mejor que antes: con un mejor menú, decoración mejorada u ofertas y descuentos especiales para recompensarla de más por su pérdida temporal.

Hay épocas en nuestra vida cuando Dios tiene que cerrar cosas para prepararnos para lo nuevo y grande que será liberado en nuestra vida. Nuestra capacidad actual no puede manejar lo que Dios está por hacer, así que Él cierra la tienda por una temporada para prepararnos para expansión e incremento.

Debemos cambiar nuestra perspectiva sobre los problemas de cerrar el vientre, retrasar el nacimiento de cosas nuevas y estancar la reproducción, productividad y multiplicación por un tiempo. Aunque pueda sentirse vergonzoso o como si Dios se hubiera olvidado de usted, lo primero que debe hacer es entender que Dios quiere beneficiarla.

"Porque yo sé los planes que tengo para vosotros" —declara el Señor— "planes de bienestar y no de calamidad, para daros un futuro y una esperanza" (Jeremías 29:11, LBLA). Él desea que nosotras, en todas las formas, triunfemos, prosperemos y tengamos salud (3 Juan 2). Él se complace en la prosperidad de sus siervas (Salmo 35:27). A Él le encanta escuchar y responder sus oraciones (Proverbios 15:8). A Él le encanta salir a su rescate (Salmo 34:19). Así que cuando Él requiere un cierre, lo hace con gran amor y cuidado por usted y con la intención dirigida a los planes que Él tiene en mente para su futuro.

Aunque Dios compartirá sus secretos con nosotras en lo que se refiere a nuestra vida, Él no siempre nos dirá todo de una vez. No siempre vemos todo el panorama de lo que Dios ve. Sin embargo, podemos confiarle lo desconocido debido a lo que sabemos de su amor y fidelidad. Podemos estar confiadas en que Él siempre organiza nuestra vida de manera que todo obre para nuestro bien (Romanos 8:28). Me encanta cómo lo dice la versión *La Biblia de las Américas*:

> Y sabemos [con gran certeza] que para los que aman a Dios [quien está profundamente preocupado por nosotros], todas las cosas cooperan para bien [como un plan], esto es, para los que son llamados conforme a su propósito (corchetes añadidos).

Hay otras partes en esto también que estaremos tratando con relación a las temporadas de esterilidad y en llegar a la época precisa para ser productivas. También vamos a explorar cuando Dios pide un cierre de producción a fin de que usted pueda experimentar el descanso divino y la adoración profunda.

Alinearse con el tiempo de Dios

No siempre podemos asumir que solo porque se nos ha profetizado, es nuestro momento y estamos listas para lo que viene. En su lugar, debemos estar conscientes de que Dios es estratégico: hay una época determinada y una totalidad de tiempo donde Él ordena los eventos de nuestra vida si nos rendimos a Él. Estas son buenas noticias y consuelo para la mujer de Dios que confía en Él y conoce los tiempos y las épocas del Señor. Esto significa que su época de esterilidad está en manos de Dios y Él está organizando el resultado. Su esterilidad no está en manos del enemigo, donde usted está por perder su punto de apoyo mientras le lanzan ataques traumáticos y al azar. ¡No! Dios está trabajando en cada uno de los detalles para que tanto usted como su semilla tengan el final esperado.

Dios tenía un lugar y un tiempo para que naciera Samuel, al igual que tiene un lugar y un tiempo para cumplir la promesa que Él ha sembrado en usted. Él cerró el vientre de Ana para poder trabajar en su corazón y prepararla para ser la madre de uno de los profetas más grandes que hayan vivido. Si para Ana hubiera sido fácil tener hijos, ella no se habría hallado en el santuario del Señor, año tras año, buscando su rostro y clamando a Él. Fue en esos tiempos en que Dios pudo desarrollar el carácter de Ana y compartir con ella su plan para su hijo prometido. Imagine si Samuel hubiera nacido mientras Ana aún estaba en el criterio de tener un hijo para su gozo y complacencia personal. No habríamos tenido al Samuel que honramos hasta el día de hoy; quien reconectó a la gente con su Dios después de una larga sequía espiritual, el que estableció un orden profético que dirigió al pueblo de Dios durante siglos.

Por eso es tan importante que las Anas acepten el tiempo de Dios aún en una época donde parece que Él no responde. La fe y la confianza le llevan a decir: "Aunque no siempre sienta como si fuera verdad, sé que mi Dios escucha cada una de mis oraciones y recoge cada lágrima que derramo. Él me escucha y Él responde. Yo me aferro a sus promesas".

Amada, sé que esta es una época difícil, pero le desafío a perseverar en Dios. Pídale que le ayude a entender su tiempo para su vida. En mi libro, *Prophetic Advantage*, hablo de la diferencia entre nuestro tiempo cronológico natural, *cronos* en griego, y *kairos*. Volveré a esto en el próximo capítulo con una perspectiva nueva y la manera en que esto se relaciona con Ana. Y luego en *The Deborah Anointing*, uso las estaciones: invierno, primavera, verano y otoño, para llevar luz a las estaciones espirituales que atravesamos en nuestro andar con Dios. Creo que Ana estaba en medio de su estación de invierno. Vea si esto se parece a lo que usted está atravesando:

Su invierno espiritual podría parecer como una época de oscuridad, como si su vida no tuviera fruto, y usted podría asumir que sus sueños están muriendo. Sin embargo, durante el invierno no hay productividad. Es un tiempo cuando Dios mata todo lo que hay en su vida que puede afectar la cosecha de la próxima temporada. El invierno espiritual es la época más incómoda para muchos cristianos. Sin embargo, esta es una temporada para redefinir y desarrollar más una relación con el Dios de su llamado. Aquí es cuando Dios continua desarrollando su sistema de raíces en Él. Allí, Él le dará indicaciones para plantar nuevas siembras en la primavera, que es la siguiente temporada. El invierno espiritual es el tiempo de evaluación, planificación y preparación. Es un momento para soltar cualquier cosa que pueda destruir su llamado [o su semilla]. También es el tiempo para aprender la singularidad de su llamado.[1]

Aunque en esta temporada hay dolor, también hay mucho consuelo que descubrir en que Dios está trabajando en usted para desear y hacer según el buen placer de Dios, sus planes y propósitos (Filipenses 2:13).

¿Qué sucede conmigo?

Incluso cuando su espíritu discierne el propósito divino en estaciones marcadas por la escasez, falta de productividad y multiplicación, su alma: su mente, voluntad y emociones, podría necesitar más tiempo para ponerse al tanto y someterse. En Génesis 1:28, Dios le da a Adán y a Eva el mandamiento de la creación: "Fructificad y multiplicaos; llenad la tierra, y sojuzgadla". Cuando una no puede cumplir con lo que debería ser el orden natural de Dios, la primera pregunta que surge en el corazón es: "¿Qué sucede conmigo?".

Ana y su familia eran profundamente devotos en una época en que la nación estaba hundida en la depravación. Mientras ellos viajaban hacia el templo del Señor, año tras año, para ofrecer sacrificios y adoración, la sociedad se había vuelto una cloaca de corrupción que incluía asesinato, violación en grupo, transigencia e idolatría en su máxima expresión. Los vecinos de Ana eran malos y, de alguna manera, aún eran prósperos y productivos, mientras que Ana y su esposo vivían en una desgracia social y sin ver el cumplimiento de las promesas de Dios aun cuando ellos cumplían cuidadosamente todos los protocolos religiosos de la época.

La esterilidad es la desdicha máxima para una mujer hebrea, casada. La dejaba sintiéndose humillada y avergonzada. Los familiares, vecinos y amigos siempre tenían algo que decir sobre la mujer sin hijos, llamando la atención hacia la falta de favor ante Dios. La vergüenza es un sentimiento doloroso, y se trata principalmente acerca de cómo nos vemos ante los demás (y ante nosotras mismas). No depende necesariamente en algo que hayamos hecho para merecerla. Aun así, el espíritu de vergüenza le hace sentir defectuosa e indigna. Esto abre la puerta a la sensación de ser rechazada por Dios y a dudar de su amor. Sin embargo, amadas, estos son tiempos cuando debe poner su confianza en el Señor y recordar lo que dice la Palabra:

> En vez de su vergüenza, mi pueblo recibirá doble porción, en vez de deshonra, se regocijará en su herencia; y así en su tierra recibirá doble herencia, y su alegría será eterna.
>
> —Isaías 61:7, nvi

Cuando el Señor ordena la esterilidad

¡Sí, el Señor había cerrado la matriz de Ana! Por encima, eso simplemente no parece correcto, pero si hemos de entender la verdad tras la historia de la vida de Ana, necesitamos obtener revelación de lo que significa cuando Dios ordena un cierre. Un cierre puede traer paz cuando entendemos claramente que el cierre de la matriz de Ana no era obra del diablo. Dios tenía control del destino de Ana. La mano de Dios estaba organizando los eventos de su vida. El hecho de que Dios había cerrado su vientre revela que Él tenía el control, y si el Señor lo cerró, también puede abrirlo.

Debemos entender que Dios también está organizando nuestra vida. Nuestros sueños y motivos, todos, serán probados con fuego. Hay algo que Dios está haciendo nacer en la vida de las mujeres: nuestro entendimiento de su compromiso para expandir nuestra capacidad de llevar la promesa y verla fructificar. Para navegar efectivamente en estos tiempos de incertidumbre, las mujeres necesitaremos estar completamente convencidas de los planes y propósitos del Señor.

Las Anas de la era moderna llevarán vidas de obediencia total al Señor. Responderán afirmativamente a la pregunta de Dios: "¿Cuando vuelva, encontraré fe en la tierra?", (vea Lucas 18:8). Las Anas son mujeres que han andado el sendero de la fe y la dedicación total a la voluntad del Señor. Son mujeres que saben que han sido escogidas por Dios, lo que significa que saben que han renunciado a su derecho de privacidad. Su vida está exhibida para mostrar la gloria de Dios.

Deténgase y adore

Muchas veces, las formas en que Dios hace las cosas me confunden. Hubo una época en mi ministerio cuando tuve una mentalidad de predicar para vivir. Hacía un inventario: "Bien, tengo cuatro reuniones y me dieron esta cantidad de dinero. Tengo esto por pagar...". Conozco ministros que no son así de transparentes, pero estoy siendo sincera para que sepa que no le escribo esto sin haberlo vivido personalmente; yo he pasado por esto.

Sabemos cómo somos. Calculamos y multiplicamos, restamos y creamos estrategias, a veces mucho más anticipadamente de lo que Dios ha planeado perfecta y divinamente. Cuando estaba en este modo de pensamiento, recuerdo que el Señor me decía: "Mmm, quiero que te detengas. Todo lo que quiero que hagas durante las próximas seis semanas es adorarme. Detente".

"Pero, Dios, tengo tanto en proceso".

"No. Detente".

Las primeras veces que Dios me habló de esta manera, yo entraba en un estira y encoje con Él sobre mis propios planes, aunque finalmente me sometía a su mandato. Ahora, cuando siento su llamado para quedarme quieta, respondo inmediatamente diciendo: "Sí, Señor, estoy haciendo demasiado. Me he extralimitado", y cierro lo que sea que tenga en marcha y adoro.

Amadas, eso es lo más difícil. Ser María en un el mundo de Marta es muy difícil para nosotras en el presente. (Vea Lucas 10:38-42). Elegir lo mejor y sentarnos a los pies de Jesús en vez de estar ocupadas haciendo lo que parece más naturalmente estratégico en el momento, no es fácil.

Este es otro aspecto de una temporada de esterilidad ordenada por Dios, cuando Él la llama aparte para aquietar su lucha y descansar en Él mientras el Señor vuelve a calibrar su visión. El Señor tenía que captar mi atención porque, aunque había sido productiva y recibido su promesa de un ministerio, yo no tenía la actitud correcta. Por eso, Él me llamó. Y estoy agradecida porque, a pesar de que mi espíritu decía: "Sí, Dios, es todo tuyo", mi carne luchaba por controlar y hacerlo funcionar como a mí me parecía mejor.

Escuche, hay un camino que nos parece recto (Proverbios 14:12). Somos un pueblo lleno de recursos, medios, formas e inteligencia. Lo más difícil de hacer es dejar de lado lo que se siente natural en nosotras cuando nos encontramos contra la pared. La respuesta o acción usual, el arma usual y la estrategia usual no funcionan cuando Dios dice: "Detente".

Permanezca en quietud y descanse

Si ha sido fiel sirviendo al Señor por muchos años, entonces sabe cuán fácil es acudir directamente a su programación espiritual. Cuando vienen los problemas, sabe cómo luchar en el espíritu. Sabe cómo llamar a sus compañeros de oración. Sabe cómo llegar a esa conferencia o avivamiento y obtener un poco de gloria corporativa. Sabe decretar y declarar. Sabe cómo levantar su escudo de la fe y ponerse la coraza de justicia. ¿Pero sabe cómo quedarse quieta? ¿Sabe descansar? El descanso también es un arma. Esto no se trata de ser haragana, sino de encontrar un lugar de descanso en el Señor. Si puede entender esta revelación, entonces verá que el descanso es otro aspecto de su estación de invierno, cuando el Señor dice: "Siéntate. No debes pelear esta batalla. Toma tu posición, pero permanece quieta, adórame y atestigua mi salvación".

Elegidas para llevar fruto

Estos son días cuando Dios está despertando a muchas mujeres para cumplir su destino. Esta es una época cuando vamos a recibir revelación sobre lo que dice la Biblia: "Muchos son llamados y pocos los escogidos" (Mateo 22:14). Dios nos llama a andar en nuestro destino, pero tenemos que tomar la decisión de llevar una vida de disciplina y adoración, una vida que complazca al Señor, para que podamos pasar a ese nivel de elegidas.

Estos son días cuando Dios alinea su vida. Cuando entre a la presencia de Dios, cuando ore y clame diciendo: "Yo quiero entrar a mi llamado. Quiero vivir de acuerdo con mi destino. Quiero tener hijos. Quiero ser la madre de un movimiento"; yo creo que el Señor le escucha y está formando en su interior la voluntad para llevarlo a término. Él es quien da el anhelo en su corazón para andar completamente en su llamado. El Espíritu de Dios es el que está avivando su clamor, Él es el que traerá el avance. Él hará que usted experimente de manera repentina, épocas de productividad aunque haya estado infértil por mucho tiempo. Es el deseo de Dios que usted avance por encima de sus propios anhelos hacia el hambre y la sed de lo que Él tiene para usted. Cuando llega a esta posición, su promesa surgirá.

Juan 15:16 dice: "Vosotros no me escogisteis a mí, sino que yo os escogí a vosotros, y os designé para que vayáis y deis fruto, y que vuestro fruto permanezca; para que todo lo que pidáis al Padre en mi nombre [en representación mía] os lo conceda" (LBLA, corchetes añadidos]. Muchas veces vemos el triunfo de otros y nos preguntamos por qué no tenemos un éxito así. Comprenda esto: nosotras no elegimos a Dios; Él nos eligió primero. También quiero que entienda que usted ha sido nombrada. Ser nombrada significa ser designada, asignada. Tiene una asignación, una tarea de parte de Dios, y un tiempo definido para ver su propósito cumplido y su promesa manifiesta.

Dios tiene asignaciones para su éxito en su vida. No permita que el enemigo le haga pensar que Dios no tiene triunfos para usted, que Él no tiene cosas específicas para usted. Dios dice: "Has sido escogida. Yo soy Quien empezó todo. Yo soy Quien te creó. Soy Quien te escogió para que me sirvieras". Ana conocía esta verdad y andaba confiadamente en ella incluso frente a la productividad de Penina, aunque parecía como si a Penina no le importaba la voluntad de Dios para su vida.

¿Puede estar firme en esta verdad mientras todos los que le rodean triunfan y usted aún espera ver su promesa manifiesta? ¿Puede permanecer en el lugar secreto de oración y súplica, manteniendo su petición ante el Señor y adquiriendo fortaleza al rogar en su templo, mientras aún tiene gozo genuino por el gozo de otros?

Dios nos llama. Muchos son llamados, pero pocos son escogidos. ¿Por qué? Por la manera en que respondemos. Muchos se quedan en la fase de "llamado", pero usted y yo podemos avanzar hacia la fase de escogidas, al igual que Ana, cuando respondemos a Dios con un completo y sincero: "Sí, Dios. Que no sea mi voluntad, sino la tuya".

Cuando lo hace, Dios la lleva de llamada a escogida. Él dice: "Has sido escogida para llevar fruto". Dios quiere romper el espíritu de infertilidad en su vida. Él quiere romper los ciclos donde usted ha estado trabajando y esforzándose, pero la tierra no ha producido fruto. El vencedor divino ha venido para romper toda maldición demoniaca de esterilidad donde usted no ha podido reproducir, no tiene finanzas suficientes o no puede hacer lo que desea. Por el poder de Dios, usted llevará fruto.

Luego, esto me encanta: no solo Él sí quiere que lleve fruto, sino que Él desea que su fruto permanezca. ¿Alguna vez ha tenido expectativas verdaderamente altas donde ve productividad en su vida? Las cosas fluyen, sus negocios crecen, le va bien en su trabajo el dinero fluye, y sus donativos también. Pero, luego, la despiden, y no tiene empleo, y los siguientes años de la vida son un caos absoluto, y ya no hay productividad. Yo declaro que esas maldiciones de infertilidad y escasez serán rotas en el nombre de Jesús. Declare sobre sí misma que usted es escogida para ser fructífera.

Las Anas cumplirán el mandato de Génesis 1:28

Se supone que debemos ser fructíferas y multiplicarnos. Eso es parte del mandato de la creación (Génesis 1:28). Como mujer que ha sido creada por Dios, ser productiva está en su ADN. Es parte del plan original de Dios. Yo decreto que usted es fructífera y que multiplicará y poblará la tierra.

Si no tiene revelación suficiente y no está produciendo o reproduciendo, no puede multiplicar y, definitivamente, tampoco tiene dominio. Al diablo le encantaría que usted permaneciera atrapada en la vergüenza, la autocompasión, el rechazo y el autodesprecio. Pero esto debe ser roto para que pueda funcionar plenamente como alguien que ha sido creada a la imagen de Dios. Así que, en el nombre de Jesús, la llamo a tomar autoridad sobre toda asignación demoniaca de vergüenza, autocompasión, rechazo y autodesprecio. No hay espacio para eso en su vida.

Como Ana, podemos enfrentar estas épocas de escasez, infertilidad y sequía. Podemos romper la sequía. Podemos decirle a la lluvia que caiga. Podemos decretar que todo terreno duro, seco y pedregoso se abra. Podemos romper la maldición del desierto. Podemos profetizarnos que seremos fructíferas. Que nos multiplicaremos.

Cuando Dios nos da algo, no queremos desecharlo. Cuando la cosecha venga, necesitamos estar seguras de guardar solo lo que verdaderamente necesitamos para nosotras y darle al mundo lo que queda. Se supone que seamos fructíferas y multipliquemos y llenemos la tierra con el poder y la gloria de Dios.

Este es el momento para llenar la tierra y sojuzgarla. Para poder sojuzgar algo, tenemos que ser muchas. Creo que por eso el diablo trabaja tan duro, especialmente con los cristianos, para llevarnos a un lugar de aborto. Algunas de ustedes han sido productivas; pero, luego, el enemigo vino y trató de hacerlas abortar su destino. Yo decreto que el espíritu de aborto es quebrantado y que usted llevará fruto. Llenará la tierra y la sojuzgará. Tendrá dominio.

Que esta palabra se apresure en su vida. Que no caiga a la tierra. Que no tarde más.

Oraciones que desatan el espíritu de vergüenza

Padre, te agradezco que he sido formada asombrosa y maravillosamente a tu imagen. Cuando me hiciste, hiciste algo hermoso. Yo me desato de todo espíritu de vergüenza. Declaro que en vez de esterilidad, me das productividad. Tu Palabra dice: "Cuando viene el orgullo, llega la vergüenza" (Proverbios 11:2). Por lo tanto, me humillo ante ti.

*Jesús, tú llevaste mi vergüenza a la cruz para que
yo no tuviera que hacerlo. Reprendo al espíritu de vergüenza y autodesprecio. No me ridiculizarán, no andaré en vergüenza.*

*Señor, gracias por ser mi ayudador. Tú me resca-
taste del espíritu de vergüenza. Mantengo mi enfoque
en tu trono de gloria. Los que esperan en el Señor no
serán avergonzados. Clamo a ti, oh Señor, no permitas
que me avergüencen. No permitas que mis enemigos
triunfen sobre mí* (Salmo 25:2).

Oraciones para activar el mandato de Génesis 1:28

*Padre, te agradezco que tu palabra nunca regresa vacía.
Tu palabra cumplirá todo lo que la enviaste a hacer.
Decreto que soy bendecida. Mi vientre es bendecido.
Mi vida es bendecida. Rompo toda asignación demo-
niaca de esterilidad. Declaro que soy fructífera en toda
buena obra. No estoy maldita, sino que soy bendecida.*

*La unción de multiplicación está sobre mi vida. Mul-
tiplicaré en toda área. Llenaré la tierra con mis ideas
y conceptos. Mis sueños se harán realidad. Creo que
lo que no es común. Creo que me darás una bendición
insólita y extravagante. Declaro la restauración de mi
vida. Declaro que todo lo que proviene de mi vientre
sojuzgará la tierra. Declaro que estaré en una posición
de dominio todos los días de mi vida. Tengo autoridad
en el nombre de Jesús.*

Oraciones que abren la matriz y restauran la productividad

A la mujer sin hijos le da una familia y la transforma en
una madre feliz. ¡Alabado sea el Señor!

—Salmo 113:9, NTV

Creador del cielo y la tierra, ¡te adoro! Soy tu sierva. Permíteme encontrar favor ante tus ojos. Tú eres el Dios que da una familia a la mujer sin hijos. Te pido en el nombre de Jesús que abras mi matriz. ¡Creo que nada es imposible para ti! Permite que tu mano toque mi vientre y libere vida. Abro mi boca y te alabo. Tu Palabra dice: "Canta, oh estéril" (Isaías 54:1), y yo sé que tú escoges a lo necio para avergonzar a lo sabio. Me humillo bajo tu mano poderosa, y tú me llenarás en el tiempo adecuado. Permite que el poder de tu resurrección toque mi matriz. Pues yo no puedo prevalecer por mi propia fuerza, sino por tu poder venceré la esterilidad. Declaro que la ley del espíritu de vida en Cristo Jesús me liberta de la ley del pecado y la muerte. Espíritu Santo, apresura mi cuerpo mortal con vida. Dales poder a mis órganos reproductivos.

Señor, permite que el espíritu de restauración sea evidente en mi vida. Restaura la productividad en mi vida. El ladrón ha sido atrapado, y tiene que pagar siete veces. Ana declaró en 1 Samuel 2:5 que: "Hasta la estéril ha dado a luz siete". Restáurame siete veces más. Hazme como Sara, la madre de naciones, y permite que mis descendientes gobiernen la tierra. Hago un voto para ti que te devolveré para que te sirva completamente todo lo que nazca de mi matriz natural o espiritual.

Capítulo 2

ORACIONES NO CONTESTADAS, RECIBA LA ESPERA

Pacientemente esperé a Jehová, y se inclinó a mí, y oyó mi clamor. Y me hizo sacar del pozo de la desesperación, del lodo cenagoso; Puso mis pies sobre peña, y enderezó mis pasos. Puso luego en mi boca cántico nuevo, alabanza a nuestro Dios. Verán esto muchos, y temerán, y confiarán en Jehová.

—Salmo 40:1-3

Es DIFÍCIL ATRAVESAR ciertas épocas en la vida cuando nadie, ni siquiera Dios, ofrece respuesta alguna. En los momentos más irracionales de la vida encontramos consuelo en saber quién, qué, cuándo, dónde, cómo y por qué, incluso si nuestra situación no está totalmente resuelta. *Necesitamos* respuestas para todo, pero las cosas no siempre funcionan así. Dios, quien todo lo sabe, no está obligado a compartir con nosotras cada detalle de lo que hace. Aunque Él se deleita en compartir sus secretos con nosotras y está preparado para responder cuando clamamos, tiene buena razón para dar las respuestas necesarias cuando las necesitamos, no precisamente cuando las queremos. Comprenda que Él es el creador y nosotras las criaturas. En su momento, Dios nos dará exactamente lo que necesitamos para andar abundantemente en todo lo que Él ha prometido.

Isaías 55:8-11 siempre me consuela cuando estoy desesperada por escuchar a Dios acerca de algún asunto, y pareciera que Él no está hablando:

Porque mis pensamientos no son vuestros pensamientos, ni vuestros caminos mis caminos, dijo Jehová. Como son más altos los cielos que la tierra, así son mis caminos más altos que vuestros caminos, y mis pensamientos más que vuestros pensamientos. Porque como desciende de los cielos la lluvia y la nieve, y no vuelve allá, sino que riega la tierra, y la hace germinar y producir, y da semilla al que siembra, y pan al que come, así será mi palabra que sale de mi boca; no volverá a mí vacía, sino que hará lo que yo quiero, y será prosperada en aquello para que la envié.

—Isaías 55:8-11

Ya sea que sepamos o no los detalles de lo que Dios está haciendo en nuestra vida, podemos confiar en que Él envía una palabra próspera a nuestro futuro y que esta no volverá vacía. Lo que Dios ha prometido sucederá.

Otra cosa que nos sugiere este pasaje es la idea de las temporadas: tiempo de sembrar y de cosechar, lluvia en la primavera y nieve en el invierno. Hay un tiempo cuando las semillas deben ser sembradas; la tierra, arada y cultivada; y de arrancar la mala hierba. Luego, hay un tiempo para recogerlo todo y comer el fruto. También hay lluvia en la época de primavera y nieve en la de invierno. Hablé de las temporadas y el tiempo en el capítulo anterior, y lo hago en casi todas mis enseñanzas porque entender el tiempo del Señor aumenta nuestra confianza en Él y su capacidad para cumplir su palabra cada vez.

Las Anas representan a Dios avanzando a través de la temporada invernal y llevándonos a la primavera, cuando las cosas que parecían dormidas cobran vida y florecen. El pasaje de Isaías 55 nos recuerda que aun el hielo y la nieve del invierno tienen valor en el sentido que se derriten, y del agua nace una nueva vida.

No subestime el valor de la temporada en que se encuentra. Yo sé cuán duro es orar mientras siente que no es escuchada, no es respondida, es rechazada o pasada por alto; pero permita que el Señor ministre su corazón y sane los lugares lastimados para que usted pueda entrar en un alineamiento total con el plan que Dios tiene para usted y su semilla. En medio de su dolor, existe una respuesta. Dios la escucha y responderá.

Mientras tanto, debemos aprender el arte de la lucha santa con el Señor. Jacob se volvió un experto en eso. (Vea Génesis 32:22-32). Él se aferró a la batalla todo el tiempo y prevaleció. Tiene que haber sentido todo tipo de emociones mientras empujaba y jalaba contra la fuerza del hombre no identificado. ¿Puede imaginar lo que Jacob pudo haber pensado? "¿Por qué está peleando este hombre conmigo?". "¿Qué hice para merecer esta lucha?". "No puedo ganar. Es demasiado fuerte para mí". "¿Vendrá Dios a rescatarme?". Pero cuando el hombre no pudo prevalecer contra Jacob, Él usó su poder sobrenatural para herirlo, haciendo que Jacob tuviera una cojera por el resto de su vida. Este acto reveló la naturaleza del hombre, y Jacob supo que él había luchado con Dios mismo. Luego, en medio de haber sido golpeado, Jacob clamó por una bendición.

¿Esta podría ser usted? En medio de su dolor, ¿puede ver más allá de las preguntas sin respuestas y el rechazo y acercarse a Dios mismo, pidiéndole que ponga sus manos sobre su vida y la bendiga en la forma que *Él* desea? Todo el dolor causado por la lucha de Jacob pasó a segundo plano una vez que supo en la presencia de quién estaba.

Amada, Dios es fiel. Él no es como el ser humano; Él no puede mentir (Números 23:19). Así que si Dios es fiel y verdadero, ¿por qué no se ha cumplido la promesa? Hagamos un recorrido espiritual en los próximos capítulos y veamos algunas de las razones que hacen parecer como si las respuestas a sus oraciones no han sido enviadas.

Tiempos y épocas

Él es quien cambia los tiempos y las edades; quita reyes
y pone reyes; da sabiduría a los sabios, y [mayor] conocimiento a los entendidos.

—Daniel 2:21, LBLA, corchetes añadidos

Dios da sabiduría y conocimiento sobre el cambio de los tiempos y las épocas de nuestra vida. Puede estar segura de que tiene todo lo necesario para la transición al siguiente nivel. Dios
nos lleva hacia nuestro destino. Él nos lleva hacia adelante en
sus propósitos y nos prepara para alcanzar mayores logros de
los que hayamos conocido. Nuestra pregunta para Dios debería ser ¿Cómo hago el cambio? Una de las mejores maneras
para prepararse para lo siguiente que Él tiene para usted es
estar en sintonía con su tiempo y entender dónde se encuentra
en esa continuidad. Para empezar, necesita saber que hay tres
tipos diferentes de tiempo.

1. El tiempo *Chronos*

Chronos es la palabra griega para *tiempo*; se refiere a una
temporada general del tiempo. Es el paso del tiempo cronológico que sucede mientras llevamos a cabo nuestra rutina diaria, a veces puede ser tranquilo, rutinario y mundano. Durante
este tiempo, Dios permite que sucedan cosas que desarrollan la
fe y nos enseña cómo esperar en Él. En *chronos* aprendemos a
luchar por las promesas de Dios.

En su cronos, Ana, iba rutinariamente al templo a adorar todos los días. Ella hizo todo lo que se le pedía. Servía
al Señor y honraba a su esposo. Adicionalmente, soportaba
que Penina la pusiera en ridículo y reaccionaba con gracia
silenciosa.

Dios desarrolla la perseverancia de las Anas de la era
moderna en la época de tiempo general. Sé que usted podría
pensar: "¿Qué significa eso? ¡Pensé que estaba en el tiempo

de Dios!". El momento oportuno tiene muchos elementos. Tal como hemos descubierto a través de la historia de Ana, Dios usa el paso del tiempo para madurarnos, a fin de que podamos entender mejor sus propósitos, lo que finalmente supera nuestros deseos iniciales. Llegamos a entender la razón por la que Él nos da ciertos deseos y cómo quiere que los usemos sabiamente hasta que se cumplan.

En *chronos*, Dios trabaja detrás del escenario de nuestra vida, preparándonos para el máximo avance que hayamos experimentado. Aquí es cuando Dios nos enseña cómo ser fieles en lo poco para que Él nos haga gobernar sobre mucho.

2. Tiempo *Kairos*

Dentro del tiempo *chronos*, hay momentos que alteran la vida, que la catapultan al centro de su destino. Esto es el tiempo *kairos*. *Kairos* es un tiempo estratégico. La palabra griega se refiere a "una medida de tiempo, una porción de tiempo mayor o menor", lo que significa que puede ser "un tiempo preparado y exacto, el momento cuando las cosas llegan a un punto de crisis, la época que esperábamos; un momento oportuno o propio de la estación; el momento justo; un periodo de tiempo limitado; lo que el tiempo trae, el estado de los tiempos, las cosas y eventos del tiempo".[1]

Debemos entender que no vivimos nuestra rutina diaria en *kairos*. Es un momento preciso, estratégico, que nos coloca donde necesitamos estar en Dios. Luego, vivimos en un nuevo nivel de *chronos* hasta que Dios permita que *kairos* vuelva a suceder. *Kairos* es estremecedor e intenso. Hay un sentido elevado de urgencia dentro de *kairos*. Estos momentos se parecen a los abruptos de Dios. La fuerzan a saltar, a reaccionar rápidamente, y aunque en algunos casos usted ha esperado y orado por ellos, estos no esperan a que se acomode con el cambio repentino o las oportunidades que le presentan. Aunque es el tiempo justo, la época se abre por tiempo limitado. Tiene que estar lista para responder.

Kairos es una ventana de oportunidad en la que debemos responder a lo que Dios trae a nuestra vida. A veces, *kairos* puede parecer un avance, donde las compuertas de bendiciones explotan, bendiciones como incremento financiero, promociones laborales, sanidades milagrosas, una puerta abierta que había estado cerrada, aprobación para un terreno o propiedad cuando se esperaba que fuera negada, o una prueba de embarazo positiva después de años de escuchar que tener hijos no era posible.

Kairos también puede llegar en forma de crisis. Algunos de los momentos más difíciles en la vida provocan un cambio en nuestro pensamiento, llevándonos hacia un sendero nuevo de sabiduría, conocimiento y entendimiento. Aquellos momentos hacen que nos examinemos a nosotras mismas más de cerca y al lugar de nuestro recorrido con Dios. Liberación espiritual, ser libertada de la opresión o posesión demoniaca, puede ser un momento *kairos*. La salvación puede ser un momento *kairos*, cuando repentinamente llega al fondo, pero en vez de morir o darse por vencida, elige una nueva vida en Cristo. Algunos momentos *kairos* hacen que nos arrodillemos buscando el rostro de Dios para recibir ayuda y revelación. Otros momentos *kairos* nos llevan al arrepentimiento. Los momentos *kairos* nos llevan al lugar correcto en el tiempo correcto para recibir de Dios lo bueno que Él siempre ha querido que tengamos.

Kairos es una época a partir de la cual las cosas no se parecerán en nada a lo que ha quedado atrás. Una época es "un evento o un tiempo marcado por un evento que empieza un nuevo periodo o desarrollo".[2] Dios nos lleva a un lugar donde lo nuevo, las oportunidades nuevas, el nuevo nacimiento y los nuevos desarrollos se harán realidad para nosotras. Él nos lleva a un lugar donde las cosas de antes pasarán: la sequedad, la escasez, el rechazo, la transigencia o la improductividad.

Cuando Ana fue al templo con su familia, ella reaccionó a un momento *kairos* que la puso en el lugar correcto para que algo cambiara. Las burlas de Penina se habían vuelto más de lo que ella podía soportar. Ella ya no podía seguir recibiendo la humillación y la vergüenza. Así que hizo a un lado su comida, se fue al templo y clamó al Señor hasta que ya no tuvo más palabras. Ella pudo haberse quedado sentada y llenado su boca de comida o huir llorando a su habitación o decirle a Penina que se callara. Pero, en vez de eso, Ana reaccionó de la manera correcta y en el momento adecuado que la colocó en dirección de su avance. Ella era sensible al tiempo del Señor. Mientras oraba, sacrificaba y adoraba durante años a lo largo de su tiempo cronos, el Señor preparó su corazón para responder al tiempo *kairos* de Él. Y en la cúspide de su crisis, ese momento oportuno, Elí la vio y dijo las palabras que ella había anhelado escuchar:

> Ve en paz; y que el Dios de Israel te conceda la petición que le has hecho. Y ella dijo: Halle tu sierva gracia ante tus ojos. Y la mujer se puso en camino, comió y ya no estaba triste su semblante.
>
> —1 Samuel 1:17-18, LBLA

En ese momento, Ana supo que el Señor había respondido sus oraciones. La Biblia dice que después de que la familia regresara a casa, Elcana conoció a su esposa, Ana; el Señor recordó sus oraciones; y Ana concibió un hijo. Ana llamó a su hijo Samuel "Porque se lo he pedido al Señor" (1 Samuel 1:20, LBLA). Su momento *kairos* viene. Prepárese para reaccionar al instante.

3. Tiempo *Hora*

Hora es una palabra griega que se refiere a "cierto tiempo o época definida fijada por la naturaleza y que regresa anualmente, de las estaciones del año, primavera, verano, otoño, invierno; el día (limitado por el amanecer y la puesta del sol), un día; una décimo segunda parte del tiempo de luz, una hora, (las doce horas del día se reconocen desde el amanecer hasta la puesta del sol); cualquier tiempo específico, punto de tiempo, momento".[3] Esto es diferente a *kairos* en el sentido de que no es un ventana de oportunidad abierta por un tiempo limitado. *Hora* se trata de épocas, que son más fijas y definidas, lo que significa que suceden en patrones predecibles. Luego, hay una palabra que se deriva de hora, la cual, a mi parecer, crea una imagen profética completa del tiempo hora: *horaios*. Esta palabra es sencilla y literalmente traducida como "floreciente, hermosa". También significa "pertenecer a la hora o época (momento justo) adecuada; por ejemplo (por implicación) florecer".[4] La palabra *horaios* me recuerda un versículo en Eclesiastés, y aunque está en el Antiguo Testamento y podría haber sido escrito originalmente en hebreo, me ayuda a ver la manera en que el tiempo hora se trata de épocas en las que Dios hace todo hermoso: "Todo lo hizo hermoso en su tiempo" (Eclesiastés 3:11).

Cuando las circunstancias se juntan —todos los eventos correctos, el momento o la gente adecuada—, la ventana de oportunidad finalmente se aprovecha, y usted vive en una época de avance, está en el tiempo hora, lo que crea algo hermoso.

Veamos otro ejemplo que ayuda a describir este tiempo:

Pedro y Juan subían juntos al templo a la hora novena, la de la oración. Y era traído un hombre cojo de nacimiento, a quien ponían cada día a la puerta del templo que se llama la Hermosa, para que pidiese limosna de los que entraban en el templo. Este, cuando vio a Pedro y a Juan que iban a entrar en el templo, les rogaba que le diesen limosna. Pedro, con Juan, fijando en él los ojos, le dijo: Míranos. Entonces él les estuvo atento, esperando recibir de ellos algo. Mas Pedro dijo: No tengo plata ni oro, pero lo que tengo te doy; en el nombre de Jesucristo de Nazaret, levántate y anda. Y tomándole por la mano derecha le levantó; y al momento se le afirmaron los pies y tobillos; y saltando, se puso en pie y anduvo; y entró con ellos en el templo, andando, y saltando, y alabando a Dios.

—Hechos 3:1-8

El nombre de la puerta llamada la Hermosa y es la palabra griega *horaios*. ¿No es fascinante que Dios en su soberanía se asegurara de que esta puerta se llevara el nombre de *horaios*, que no solamente significa "hermosa", sino que, además, tiene conexión con el tiempo adecuado?

Cuando Dios está listo para hacer que todo sea hermoso en su vida y usted está en el momento justo de Dios, es su tiempo milagroso para ser plena. El hombre en la puerta La Hermosa, el siervo del centurión en Mateo 8:13, y Ana —así como muchos otros que recibieron sanidades milagrosas, avances y liberaciones— entraron en su hora. Yo creo que Ana llegó a su época hora cuando Elí y ella estuvieron de acuerdo y su matriz sanó en ese mismo momento. El espíritu de esterilidad fue roto, ella atravesó el portal de la oportunidad (*kairos*), y alcanzó un punto cuando la plenitud del tiempo pudo manifestarse.

Esto, claro está, es lo que esperamos, pero ¿qué hay del presente, cuando usted todavía espera que ese portal *kairos* se abra? ¿Qué sucede con las oraciones que dice, pero no parecen recibir respuesta? Veamos eso.

Espere paciente, pero activamente

Hay momentos cuando las oraciones son aparentemente retrasadas, y quiero reiterar que es durante estos momentos que Dios está dando revelación sobre sí mismo que usted necesitará en su recorrido a cumplir su destino. Hay valor en mantener la perspectiva correcta cuando se está esperado *con* Dios y no *en* Él.

A veces, tomamos una actitud pasiva durante las épocas como esta; sin embargo, el proceso de esperar definitivamente no es pasivo. Esperar es un proceso activo. Debería seguir sirviendo al Señor. La Biblia nos dice que "pero los que esperan a Jehová tendrán nuevas fuerzas; levantarán alas como las águilas; correrán, y no se cansarán; caminarán, y no se fatigarán" (Isaías 40:31). El

verbo *esperar,* usado en este versículo, es *qavah,* y es "la palabra traducida más frecuentemente como 'esperar' en el sentido de
esperar en el Señor *Qavah* significa (1) 'atar unido' (quizás tor-
ciendo los hilos como formando un lazo), (2) 'ver pacientemente',
(3) 'retrasar o esperar', y (4) 'tener esperanza, expectativa, mirar
animadamente'".[5]

En el proceso activo de esperar, su corazón, mente y todo
su ser están conectándose con el Señor, leyendo y estudiando
su Palabra, orando sin cesar, adorando, sirviendo, ofrendan-
do, obedeciendo, sujetándose y manteniéndose atentos a su
voz por cualquier instrucción que Él quiera dar. Creo que en
tiempos de espera, su visión está siendo purgada de la transigencia, la ambición vana y los motivos impuros así como
le pasó a Ana. Está bien esperar en el Señor para que la perfeccione. De hecho, es imperativo. Deje que Dios quite todo
lo que estorbe su sueño. Permita que Él evalúe sus motivos
y mire si hay algún camino de perversidad en usted (Salmo
139:24). Deje que Él la humille y la quebrante bajo el poder
de su mano. Permita que Él lo haga mientras sus sueños aún
son pequeños. Deje que lo haga en privado para que usted
no caiga cuando esté en una plataforma más grande y tenga
asignadas más personas y cosas. Permita que Él lo haga ahora
para que usted sea lo suficientemente fuerte para sostener las
grandes cosas que Él le trae.

Además tenemos una oportunidad para incrementar la
esperanza y la fe durante el tiempo de espera. Esperar en el
Señor edifica la esperanza en la Palabra. El Salmo 130:5-6,
dice: "Esperé yo a Jehová, esperó mi alma; en su palabra he
esperado. Mi alma espera a Jehová más que los centinelas a la
mañana, más que los vigilantes a la mañana".

Hay momentos cuando la vida nos decepciona. La gente
nos decepcionará, y los esposos tal vez no lo comprendan, pero
tenemos que aprender a estar firmes en la Palabra de Dios y
poner nuestra esperanza en Él. La esperanza es una expectativa de ver la bondad de Dios en nuestra vida. Esperar nos

enseña a tener un fundamento firme sobre la Palabra de Dios. No importa cuán larga y oscura sea la temporada de la noche, cuando estamos seguras de la Palabra del Señor, podemos permanecer confiadas, sabiendo que el gozo llegará en la mañana y la luz está abriéndose paso.

También, hay una paz que puede desarrollar a través de la época de espera. Esperar desarrolla paciencia y, si lo permite, esta puede acallar su ansiedad. El enemigo de la espera es la ansiedad. Cuando se siente como si los malhechores, las Peninas, están teniendo bebés, dando a luz negocios y organizaciones sin fines de lucro, y saliendo adelante en muchas otras formas mientras usted aún espera por aquello que le ha pedido al Señor, la ansiedad puede sentirse como la reacción adecuada. El enemigo quiere que usted esté ansiosa. Pero Jesús surge en medio de su preocupación y dice: "¡Paz! ¡Quédate quieta!". Cuando las Anas esperan, ellas no temen porque sirven al único a quien el viento y las olas se someten. Cuando las Anas esperan, se fortalecen. Cuando las Anas esperan, están activas adorando y ministrando al Dios que aman y quien las ama. Las Anas permiten que el momento cuando parece que no hay respuestas en camino sea un tiempo de purificación de sus motivos y la hora de la poda, de la formación y el alineamiento. Cuando tenga la unción de Ana, le dará la bienvenida a la espera.

Oraciones para tener paz mientras espera

Señor, he tomado la decisión de descansar en ti. No permitiré que el estrés y la ansiedad me dominen. Descanso en tu bondad y en tu plan para mi vida. Esperaré pacientemente por ti. No me mortificaré por la prosperidad del malvado. No me vengaré ni estaré enojada. Estoy confiada en que si te pido algo, de acuerdo con tu voluntad, tú me escuchas y, ya que me escuchas, recibiré todo lo que te pida.

*Decreto que el Dios de paz ha aplastado a Satanás
bajo mis pies. Haz que toda voz negativa sea silenciada en el nombre de Jesús. Me desato de la ira y el
temor al futuro. Que la paz de Dios gobierne mi corazón. No compararé mi proceso con el de nadie más.
Ato al espíritu de competencia. Hablo paz a mi mente. Ato el espíritu de la mente distraída. Me libero de
la ira y del enojo con Dios. Me esfuerzo por entrar a
tu reposo.*

Oraciones respecto a la soberanía de Dios

Tuyos, oh Señor, son la grandeza, el poder, la gloria, la
victoria y la majestad. Todo lo que hay en los cielos y
en la tierra es tuyo, oh Señor, y este es tu reino. Te ado-
ramos como el que está por sobre todas las cosas. La
riqueza y el honor solo vienen de ti, porque tú gobier-
nas todo. El poder y la fuerza están en tus manos, y
según tu criterio la gente llega a ser poderosa y recibe
fuerzas.

—1 Crónicas 29:11-12, NTV

*Padre, estoy muy agradecida de que mis tiempos están
en tus manos soberanas. Me apoyo en el consejo de tu
voluntad. Permanezco asombrada por tus acciones. Te
confío mi vida. Declaro que todo te pertenece. Tú eres
el Alfa y la Omega en mi vida. No debo temer por mi
futuro porque toda victoria y poder están en tus manos,
y tu vigilas cuidadosamente mi vida. Todo lo que hay
en los cielos y en la tierra te pertenece, incluyendo mi
cuerpo, mi visión y mis sueños. Te los ofrezco como
un sacrificio vivo. Fortaléceme para permanecer quieta y ver tu salvación en mi vida. Señor, a tu discreción,
la gente recibe grandeza. ¡Te agradezco que tú me estás
haciendo grande y me das fortaleza!*

Recuerden las cosas pasadas, aquellas de antaño; yo soy Dios, y no hay ningún otro, yo soy Dios, y no hay nadie igual a mí. Yo anuncio el fin desde el principio; desde los tiempos antiguos, lo que está por venir. Yo digo: Mi propósito se cumplirá, y haré todo lo que deseo.

—Isaías 46:9-10, NVI

Declaro que el propósito de Dios permanecerá en mi vida. Declaro que el plan y la estrategia del Señor me es revelada. Señor, gracias por dar a conocer un plan para mi paz, mi familia y mi ministerio. No hay nadie como tú. Tú eres el dador y sustentador de la vida. Nunca cambias. Tu amor no puede ser manipulado por mi éxito o mi fracaso. Estoy totalmente convencida de que nada me puede separar de tu amor. Nada puede separarme de llevar a cabo la promesa en mi vida. Lo que has dicho sobre mi vida en el pasado permanece para siempre. Tus planes para mí son buenos y nadie puede revertirlos. No recordaré el dolor anterior, los fracasos ni las derrotas, sino que recordaré y meditaré en tu poder libertador. Te agradezco que haces lo que te complace. Gracias porque te complaces en prosperarme. ¡Eres el Dios que me da la victoria!

Oraciones para someterse al tiempo perfecto y al proceso de preparación

Señor, gracias porque haces todo hermoso en su tiempo. Hay un tiempo adecuado y una plenitud del tiempo para mí. Ato y echo fuera al espíritu de tardanza en mi vida. Decreto que mientras espero el cumplimiento de la promesa, no perderé el tiempo. Decreto que valoro el tiempo. Andaré prudentemente y redimiré el tiempo en mi vida. Aprovecharé cada oportunidad para aprender de ti, Señor. No desperdiciaré el tiempo en la autocompasión, los celos o sintiendo envidia por lo demás. No desperdiciaré el tiempo discutiendo contigo y dudando de ti. Me humillo bajo tu mano poderosa, y tú me exaltarás en el momento oportuno. Eres un Dios que se mueve en ciclos, patrones y épocas. Te agradezco la gracia que me concedes en tu proceso. Me desligo de los espíritus de control. Me someto a ti. Señor, te pido que examines mi corazón y quites todo egoísmo. Quita de mi toda ambición egoísta. Yo tomo mi cruz y te sigo. Mi carne muere diariamente para que yo pueda ministrar en el poder del espíritu. Me arrepiento del orgullo. Resisto al diablo y él tiene que huir.

Oraciones sobre ministrar al Señor mientras espera

Señor, yo hallo gozo en compartir contigo. "Dios, Dios mío eres tú; de madrugada te buscaré" (Salmo 63:1). Me encanta tu presencia. Mi alma tiene sed de ti. Mi alma espera calladamente por ti. Tú eres mi roca y mi salvación. Padre celestial, vengo a buscarte en el santuario de mi corazón. Ayúdame a ver tus planes mientras espero en ti. Quiero ver tu poder y tu gloria. Quiero experimentar tu bondad amorosa, pues tu bondad amorosa es mejor que la vida. Mis labios alabarán tu nombre. Levanto mis manos a ti en rendición total. Mi alma te sigue de cerca. Yo habito bajo la sombra de tus alas. Tu diestra me sostiene. Tú eres justicia y verdad. Eres maravilloso en tus acciones hacia los hijos de los hombres. Bendito seas Dios, que no has rechazado mis oraciones ni has apartado de mí tu misericordia.

Capítulo 3

NO SE CANSE

No nos cansemos, pues, de hacer bien; porque a su tiempo segaremos, si no desmayamos.

—Gálatas 6:9

Las Anas de la era moderna realmente no necesitamos ir muy lejos para aprender a reaccionar y responder mientras esperamos para que se nos concedan nuestros deseos. Ana nos dio el mapa a seguir que nos llevará justo a nuestros tiempos *kairos* y hora. El punto de vista de Ana sobre Dios y la postura que adoptó durante la época de preguntar, buscar y llamar son las piezas más importantes para su llegada a un lugar de avance sobrenatural.

Lo que usted debe saber sobre Dios

Ana utilizó su época de espera para desarrollar más su relación con el Señor. Debido al tiempo que ella pasaba orando y buscando a Dios, Ana solidificó su comprensión del carácter de Él. La evidencia de esto está en la oración de Ana en 1 Samuel 2. Al principio de la oración, Ana declaró tres cosas sobre Dios: Dios es santo, no hay nadie como Dios y Dios es nuestra roca. Necesitamos cultivar nuestro entendimiento de estos conceptos durante nuestro periodo de espera porque eso hará que avancemos hacia la victoria. Un entendimiento adecuado de estas cosas le ayudará a obtener la perspectiva correcta y la llevará a un lugar de paz y confianza mientras espera por su Samuel.

1. Dios es santo

Ana declaró que Dios es santo: "No hay santo como Jehová" (1 Samuel 2:2). *Santo* significa ser apartado y marcado como completamente diferente. Las mujeres que andan en una unción como Ana tendrán tareas santas. Dios habita en santidad eterna. Su carácter es perfecto, y el administra justicia para todos los que confían en Él. Esta era una perspectiva importante a la que Ana se aferró mientras esperaba por algo durante tanto tiempo. Que Dios es justo significa que Él da los juicios correctos a todos equitativamente, en especial a aquellos a quienes Él llama suyos. Ana sabía lo que le pertenecía justamente, y se aferró a la santidad constante de Dios durante su proceso de espera. La santidad de Dios también significa que Él no es mañoso: Él no miente, estafa ni engaña a sus hijos e hijas. Él es justo (Salmo 11:7), y no hay sombra de variación en Él (Santiago 1:17). A Él se le puede confiar. Él es confiable. La integridad se halla en Él.

2. No hay nadie como Dios

Dios es soberano. Dios siempre tiene el control. Para ser sanada de esterilidad se requiere el poder milagroso de Dios. Habrá cosas que las Anas de la era moderna construyeron y dieron a luz que pudieron haber sido difíciles, pero no imposibles. Con Dios todas las cosas son posibles para los que creen. ¡No hay otro Dios que sea sólido, inamovible y confiable como Jehová! En una sociedad de adoración pagana, la naturaleza de Dios se demostró en la vida de Ana. Su fidelidad para mantener la promesa que le hizo a Ana ha resonado a lo largo del tiempo.

3. Dios es nuestra roca

Ana declaró que no hay "otra roca como nuestro Dios" (1 Samuel 2:2). Ana pudo haber proclamado que Dios era su roca y su libertador si hubiera querido que Él fuera solo eso. La roca representa estabilidad y fuerza. La roca provee un fundamento sólido. La naturaleza de Dios se revela en sus nombres, y varias escrituras lo declaran la roca (ejemplo: Deuteronomio 32:4; 2 Samuel 22:47; Salmo 18:46; 28:1; 95:1). Dios era la roca de la vida de Ana: su apoyo, su cimiento y la piedra angular de su vida. No había nada más para Ana donde pudiera sostenerse y depender de ello para ver cumplido el deseo de su corazón. Ella no tenía respuestas, solo una promesa donde apoyarse, después de muchos años de orar por lo mismo. La gente en la vida de ella no la apoyaba. Penina era insensible y burlona. Elcana no entendía bien las lágrimas de Ana. Y Elí pensó que estaba ebria. Ella se aferró a la roca.

Dios era el cimiento sobre el que Ana fundaba su fe, daba forma a sus oraciones y manejaba sus expectativas. Y en el proceso, aprendió más de quien Dios es.

Conozca a Dios por sí misma

Cuando ha caminado con el Señor por cualquier cantidad de tiempo, podría sentir que lo conoce. Sin embargo, he llegado a entender que Dios nos dará revelación nueva sobre sí mismo en medio de la espera para el cumplimiento de la promesa.

Efesios 1:17-19 (LBLA, corchetes añadidos), dice:

[Siempre oro] pidiendo que el Dios de nuestro Señor Jesucristo, el Padre de gloria, os dé espíritu de sabiduría y de revelación [que les dé conocimiento profundo, personal e íntimo] en un mejor conocimiento de Él [porque conocemos al Padre a través del Hijo]. Mi oración es que los ojos de vuestro corazón [el centro mismo y la médula de su ser] sean iluminados [inundados con la luz del

Espíritu Santo], para que sepáis cuál es la esperanza [la garantía divina, la expectativa segura] de su llamamiento, cuáles son las riquezas de la gloria de su herencia en los santos (el pueblo de Dios), y [para que empiecen a conocer] cuál es la extraordinaria grandeza de su poder [activo, espiritual] para con nosotros los que creemos, conforme a la eficacia de la fuerza de su poder.

Dios quiere que usted esté segura de Él. Quiere que conozca las profundidades incalculables y la grandeza ilimitada de su amor. Ana lo vio a Él como santo, como su libertador, su roca. ¿Quién es Dios para usted en esta época? Sí, usted tiene una promesa, una palabra profética; sin embargo, tiene que superar el qué y descubrir el quién.

Las épocas secas, estériles, son grandes maestras. Estos tiempos nos ayudan a soltar cualquier idolatría que rodee a aquello que estamos pidiendo. Estas épocas nos permiten volver a la adoración pura de nuestro libertador. Aunque Dios no retiene algo bueno de aquellos que lo aman, Él también está enseñándonos a buscar su rostro antes de que veamos su mano. Él nos llama a conocer su carácter antes de que veamos sus promesas cumplidas. De nuevo, esto se trata de edificar la fe y la resistencia que necesitamos para atravesar las muchas épocas de la vida con Dios.

Es al momento de esta revelación de su carácter que Dios se mostrará fuerte para beneficio de usted. Esto tiene que ser algo personal. Cuando Jesús les preguntó a sus discípulos quién decía la gente que era el Hijo del Hombre, ellos dijeron algunos nombres que más o menos representaban la unción sobre la vida de Cristo, pero eso era un conocimiento de terceros, cosas que los discípulos habían escuchado. Así que Jesús preguntó: "¿Quién dicen ustedes que soy?" (Mateo 16:15). Quizá los discípulos estaban confundidos, o tal vez se vieron entre ellos en busca de una respuesta. Podría ser que haya habido algún tipo de discusión sobre lo que quería decir Cristo. Sin embargo, cuando Pedro abrió su boca y declaró, "Tú eres el Cristo, el Hijo del Dios viviente" (Mateo 16:16), Jesús dijo:

Bienaventurado [feliz, seguro espiritualmente, favorecido por Dios] eres, Simón, hijo de Jonás, porque esto no te lo reveló carne ni sangre (hombre mortal), sino mi Padre que está en los cielos. Yo también te digo que tú eres Pedro, y sobre esta roca edificaré mi iglesia; y las puertas del Hades (muerte) no prevalecerán contra ella [evitando la resurrección del Cristo]. Yo te daré las llaves (autoridad) del reino de los cielos; y lo que ates [prohíbas, declares que es deshonesto, ilegal] en la tierra, será atado [ya] en los cielos; y lo que desates [permitas, declares legal] en la tierra, será desatado en los cielos.
—Mateo 16:17-19, LBLA, paréntesis y corchetes añadidos

¿Puede ver el poder que le fue entregado a Pedro debido a su revelación personal de quién era Jesús en su vida? Él recibió toda la autoridad del reino de Dios: para atar y soltar las cosas del reino en el ámbito terrenal.

Al igual que Ana, ¿está usted esperando la promesa de un bebé? ¿Está esperando por fondos monetarios y puertas abiertas para empezar un negocio o ministerio? Ponga esas cosas en segundo plano y haga una prioridad conocer al Dios de su promesa. A medida que llega a conocer el carácter del Señor, primero, lo querrá a Él más que nada. Segundo, podrá descansar segura en Él, conociendo su gran amor por usted y entendiendo que sus planes y propósitos se llevan a cabo en un tiempo perfecto. "Las riquezas de la gloria de su herencia" le serán reveladas (Efesios 1:18, LBLA).

Dios es soberano

Viene un tiempo en nuestra vida cuando tenemos que conocer y experimentar que Dios es soberano sobre todo lo que se refiere a nosotras. Proverbios 3:1 dice: "tu corazón guarde mis mandamientos". Si vamos a ser usadas por Dios, tenemos que proteger nuestro corazón de los ataques del enemigo. Confiar en la soberanía de Dios es un asunto del corazón. Cuando Dios no nos responde en la manera o el tiempo en que pensamos que Él debería hacerlo, nos desconcertamos y confundimos. Si no estamos atentas, el desconcierto puede hacer que nos volvamos resentidas y desconfiadas, y que caigamos en la trampa de la desesperación. La desesperación es la ausencia de esperanza.

No podemos descubrir los cuándo y los porqué de Dios, nuestro corazón puede dividirse. Dudamos de la integridad de Dios. Por eso, el principio en Proverbios 3:5 es importante: "Confía en el Señor con *todo* tu corazón" (énfasis añadido). Debemos hacerlo de todo corazón.

Solo porque estamos perplejas, la desesperación no tiene que ser lo que sigue. Segunda Corintios 4:8-9 dice: "Afligidos en todo [rodeadas por una cerca], pero no agobiados; perplejos [inseguras de encontrar una salida], pero no desesperados; perseguidos, pero no abandonados [estar solas]; derribados, pero no destruidos" (LBLA, corchetes añadidos). Entre su oración no respondida y las Peninas, los Elcanas y los Elíes, usted podría tener muchas de las mismas emociones y problemas en esta época que Ana tuvo en la suya, pero aférrese a la esperanza. No se desespere. Usted no será destruida.

Cuando no podemos entender los detalles de la vida o cuando el Padre oculta a propósito muchos de los detalles de la vida, tiene el objetivo de llevarnos a buscarlo a Él. Esto es cuando no debemos apoyarnos en nuestro propio entendimiento o permitir que nos sostenga, sino que debemos confiar en la soberanía de Dios y saber que Él va frente a nosotras, preparando el camino para que sus promesas no solo se manifiesten, sino que se arraiguen en nuestra vida a fin de que produzcan un fruto que permanezca.

Dios la escucha

Dios siempre escucha nuestro clamor. Sus oídos están inclinados al justo. Esperar en el Señor no es una actividad pasiva. Durante los tiempos de espera, Dios produce paciencia y resistencia en nuestra vida. Estos son tiempos para enfocarnos en las Escrituras. Miqueas 7:7, dice: "Mas yo a Jehová miraré, esperaré al Dios de mi salvación; el Dios mío me oirá". Me encanta este versículo porque declara que mi Dios me escucha. Cuando espera confiese: "Mi Dios cuida de mí y mi Dios me escucha". Incluso cuando se sienta como si sus oraciones están cayendo en oídos sordos, siga declarando: "Mi Dios me escucha". Hágalo personal.

No se canse: Tres posturas que deben tener las Anas

Usted podría estar sintiendo como si estuviera al final de la cuerda de la esperanza. Ha estado aferrándose tan fuerte como puede, pero sus manos se resbalan. Respire profundo, cierre sus ojos y escuche esto: Usted es fuerte. Fue hecha para prevalecer sobre el enemigo.

Quizá no lo tenga todo resuelto en este momento, pero Dios sí lo tiene. Él cuida de usted. Deje que la fuerza del Señor la vuelva a poner en su recorrido. Apóyese en su poder y deje que Él la sostenga con su diestra poderosa. Recalibre su enfoque y vea a Dios. Reinicie y refresque su búsqueda, sabiendo que Dios pelea por usted. Él la escucha y está preparándolo todo para su bien. Usted es más que vencedora, y tendrá aquello por lo que está orando. Como una persona con unción como la de Ana, usted tiene una medida de resistencia integrada en su ser, resistencia, firmeza y resiliencia incomparables. Estas tres posturas la están preparando para una victoria que nunca pudo haber imaginado. Mucho más abundantemente de lo que puede pedir surgirá cuando reclame y mantenga estas tres posiciones.

1. Resistencia

> Por tanto, someteos [a la autoridad de] a Dios. Resistid,
> pues, al diablo [permanezca firme contra él] y huirá de
> vosotros.
>
> —Santiago 4:7, LBLA, corchetes añadidos

Aquellas de nosotras que tenemos la unción de Ana debemos aprender a usar la fortaleza espiritual y la autoridad que
Dios nos ha dado. Lucas 10:19, dice: "Os doy potestad de
hollar serpientes y escorpiones, y sobre toda fuerza del enemigo, y nada os dañará". Usted no es el saco de boxeo del diablo.
Resístalo. Enfréntelo. Cállelo. Cuando Jesús se dio cuenta de
que Pedro estaba siendo utilizado por Satanás para distraerlo,
Él lo reprendió directamente: "¡Quítate de delante de mí, Satanás! Me eres piedra de tropiezo" (Mateo 16:23, LBLA). Nosotras debemos hacer lo mismo.

Había una gracia especial en la vida de Ana que pronunció
su mensaje clara y fuertemente, aunque más a través de acciones que de palabras. Cuando se cansó de las burlas de Penina,
Ana abandonó el área por completo y se fue a la presencia de
Dios. Su resistencia estaba en su capacidad de alejarse. Demostró que los demonios no tenían permiso de acercase a ella. Ana
usó las provocaciones de Penina como una catapulta a su destino. Resistió el deseo de responderle a Penina en la carne. Mejor,
escogió ganar la batalla sobre sus rodillas. Ana se levantó, fue
al altar y oró. Ella permitió que Dios la defendiera.

2. Firmeza

No permita que el miedo la conduzca a la derrota. Aférrese.
Las promesas de Dios se cumplirán. Permanezca firme en las
promesas de Dios. Siga llegando al trono de gloria. Acérquese
confiadamente al trono de la gracia, para que halle gracia para
la ayuda oportuna (Hebreos 4:16, LBLA). Niéguese a rendirse.

Tiene que ser firme. *Firme* significa "mostrar o prometer que no habrá aplacamiento de la severidad, intensidad, fuerza o ritmo" (*aplacamiento* significa "el acto o proceso de reducir").[1] Cuando es firme, el nivel de fe, confianza, motivación y pasión con el que empezó será el mismo con el que termine. No será movida ni sacudida del lugar de creer en Dios por su avance. No se debilitará. No se desgastará. No cederá, no se rendirá y no dejará de ir tras lo que Dios ha prometido hasta que lo reciba todo.

Esto es parte de una naturaleza central de la unción de Ana. Ana oró y no se desanimó hasta que recibió su hijo prometido. Dios llama a todas las Anas a ser valientes frente a la oposición, tal como la vergüenza, los motivos impuros o las mentiras del enemigo. Él nos llama a ser firmes hasta que veamos sus promesas cumplidas en nuestra vida. Debemos tener una confianza férrea de que aunque lidiemos batallas, somos más que vencedoras a través de Jesucristo (Romanos 8:37). Debemos creer "que Él existe, y que es remunerador de los que le buscan" (Hebreos 11:6). No se rinda hasta tener todo lo que Dios ha prometido.

Frente a la vergüenza o sencillamente sintiéndonos cansadas de hacer el bien, no debemos perder nuestra fuerza en la fidelidad de Dios. Durante estos tiempos, debemos ganar acceso a la gracia de Dios inmerecida. Durante estos momentos de cansancio, debemos permitir que nuestra fortaleza venga del Señor, pues Dios nos fortalecerá con poder en nuestro ser interior (Efesios 3:16). A Él le encanta ver fe en sus hijos. Ana fue una mujer que, frente a la oposición, el ridículo y la acusación falsa, mantuvo sus ojos en la recompensa.

Ana creía en Dios. Ana se negó a abandonar su fe. Ella era como un cazador persiguiendo a su presa. No se detendría hasta ver la bondad de Dios en la tierra de los vivientes. Las Anas de la era moderna no mostrarán señales de debilidad o abandono cuando permanezcan fuertes para ver cumplida la promesa de Dios en su vida. La Escritura nos exhorta: "y

habiendo acabado todo, estar firmes" (Efesios 6:13). Debemos
estar firmes en la Palabra del Señor.

Las Anas de la era moderna tendrán una urgencia en su
espíritu. Ellas proseguirán a la meta del llamamiento supremo
en Cristo Jesús (Filipenses 3:14). Su máximo llamado podría
ser un hijo, pero quizá sea andar en integridad en una tran-
sacción de negocios. Su llamado superior podría ser escribir
un libro a pesar de haber reprobado la clase de idioma en la
escuela. Yo le digo: "¡Prosiga!" Su llamado supremo podría ser
empezar un grupo de oración u obtener esa maestría o docto-
rado. Cualquiera que sea la recompensa en Cristo Jesús es para
usted, escuche la palabra del Señor: ¡Prosiga a la meta! Prosiga, y continúe peleando la buena batalla de la fe. ¡No se rinda!
Olvide las voces de fracaso. Olvide todo lo que el enemigo le
diga, como por ejemplo: "Nunca lo lograrás". ¡El diablo es un
mentiroso! Prosiga en Jesús hasta que vea producir el fruto en
su vida.

3. Resiliencia

> Cierto día, Jesús les contó una historia a sus discípulos
> para mostrarles que siempre debían orar y nunca darse
> por vencidos.
>
> —Lucas 18:1, NTV

Además de resistir al enemigo y no rendirse, las Anas también son mujeres resilientes, que nunca renuncian a los sueños
que Dios les dio. Tenemos una habilidad divina para recuperar-
nos. Sacamos fortaleza del Espíritu cuando afrontamos adver-
sidades. Las Anas de la era moderna tienen una habilidad para
correr la carrera del destino con gracia. Estamos determinadas
a luchar con las promesas de Dios en el espíritu hasta que las
veamos hacerse realidad. Renunciar a la primera señal de ries-
go o fracaso no es parte de nuestra naturaleza. Buscamos la
meta con un corazón resuelto e inamovible. Enfrentamos cada

reto con valentía y humildad. Soportamos las presiones de la vida.

Segunda Corintios 4:8 dice: "Estamos atribulados en todo, mas no angustiados". A veces, en su caminar con el Señor, usted se siente atribulada: un matrimonio fracasado o problemático, una negativa después de la entrevista laboral o para un préstamo para una empresa pequeña, u otros retos o circunstancias incontables. Podemos sentirnos angustiadas y querer renunciar cuando somos atribuladas y cuando parece como si el enemigo nos atacara una y otra vez. Para Ana, era el ridículo de parte de la otra esposa de su esposo, ser incomprendida por su esposo y juzgada por el sacerdote Elí.

Esas cosas son difíciles de enfrentar, y Ana probablemente se sentía atribulada por todas partes, pero ella sabía cómo acudir a Dios.

El enemigo tratará de hacerla sentir como si servir a Dios es muy difícil. Él presiona y presiona, apretando cada vez más fuerte, esperando ahogar su pasión en la búsqueda de Dios y los sueños que Él ha puesto en su corazón. El diablo nos atribula con mentiras, diciéndonos que debemos rendirnos o ceder. El enemigo quiere llevarla al punto donde usted grita por la frustración y declara: "¡Me rindo!". Sin embargo, él no sabe que usted tiene en su interior la resiliencia, fortaleza y unción que Ana tuvo. No debemos estar de acuerdo con Satanás al confesar que no podemos más y que es muy difícil. Debemos confesar que con Dios todo es posible. Nunca se da por vencida, nunca cede y nunca retrocede. La resiliencia es un arma de guerra contra la presión de darse por vencida.

Resista el ataque del cansancio

Fortalezcan las manos débiles y las rodillas que flaquean, y hagan sendas derechas para sus pies… Cuídense de que nadie deje de alcanzar la gracia de Dios.

—Hebreos 12:12-13, 15, NBLH

El enemigo de un espíritu resistente, firme, resiliente es el cansancio. El cansancio ataca solamente a quienes han estado ejerciendo su fortaleza, aquellos que han permanecido firmes y creyendo durante largos periodos de tiempo y no han visto materializar la promesa de Dios. Muchas veces el cansancio viene cuando estamos exhaustas por el trabajo arduo y por ejercer nuestras propias fuerzas en vez de confiar en la fortaleza del Señor. Cuando el enemigo ataca con cansancio, tenemos que demandar la fortaleza del Señor.

El cansancio abre la puerta para el aburrimiento espiritual, lo que nos lleva a perder la oportunidad. A veces, usted podría perder el entusiasmo del Señor. Incluso, podría desarrollar monotonía de oído: cuando usted escucha la promesa de Dios pero nunca logra aprovechar el fruto de esa promesa. El cansancio también puede conducir a la impaciencia, lo que hace que usted tome decisiones insensatas e impulsivas. El cansancio puede dejarla hastiada, provocando que sea despectiva sobre Dios, sarcástica e irónica. Podría escucharse a sí misma diciendo cosas como: "La Palabra de Dios no me sirve", o "Estoy harta y cansada de esperar en Dios. Voy simplemente a vivir mi vida". Estos son momentos cuando usted debe apegarse a la Palabra de Dios más fuertemente. Ana enfrentó cansancio, pero ella dio los pasos para combatirlo. Usted puede hacer lo mismo.

Dígale a Dios cómo se siente

Sé que es difícil cuando está luchando contra el cansancio, pero el Señor le dará fortaleza. Cuando Ana estaba en medio de su época de esterilidad, estoy segura de que ella fue sincera con el Señor cuando derrama su corazón ante Él. Levante su mano cansada y confiese al Señor cómo se siente. No se ponga una máscara religiosa.

Pase tiempo en oración fervorosa

Santiago 5:16 dice: "La oración eficaz del justo puede mucho". En Ana vemos la evidencia de esta verdad. Aunque ella había permanecido firme y creyendo durante mucho tiempo, ella oraba con fervor, tanto así que Elí pensó que estaba ebria. Sin embargo, sus oraciones fervientes provocaron el resultado deseado: el cumplimiento largo tiempo esperado de sus esperanzas y sus sueños.

Cuando me enfrento al cansancio y la tribulación del enemigo, siempre me aferro a Judas 20, que dice: "Pero vosotros, amados, edificándoos sobre [el fundamento de] vuestra santísima fe [progresando continuamente, surge como un edificio cada vez más alto], orando en el Espíritu Santo (LBLA, corchetes añadidos). Tiene que tener una revelación de que usted es la amada de Dios: ¡Él la ama! No está reteniéndole nada, y Él desea cumplir el sueño que ha puesto en su corazón.

Yo sé que soy amada por Dios, así que me aferro a este versículo y oro en el Espíritu Santo. Orar en el Espíritu es una oración eficaz, ferviente, que libera fortaleza sobrenatural. Orar en el Espíritu es parte vital de la fortaleza espiritual. Libera autocrecimiento y edifica su fe. El cansancio puede debilitar su fe en Dios, pero orar en el Espíritu añade una carga potencializada a su fe en Dios y la mantiene en el amor de Dios. Romanos 5:5 declara "y la esperanza [en las promesas de Dios] no desilusiona, porque el amor de Dios ha sido derramado en nuestros corazones por medio del Espíritu Santo que nos fue dado" (LBLA, corchetes añadidos). Orar en el Espíritu le permite recibir el amor de Dios, y la fe funciona por amor (Gálatas 5:6). Cuando entendemos estas cosas, es fácil creer y tener fe en las promesas del Señor para nosotras.

Aférrese a la verdad

Ana oraba por un hijo, año tras año, ante el Señor sin recibir respuesta. Ella creía que era hechura del Señor y que Él haría que la estéril tuviera hijos. Para mantener la resistencia, firmeza y resiliencia ante el cansancio, debemos aferrarnos a la verdad. La verdad es que Dios es bueno y que Él no es como el ser humano; Él no puede mentir. La verdad de la Palabra de Dios no está basada en experiencia. La verdad está basada en la obra terminada de la cruz. Dios ha dicho que el cielo y la tierra pasarán, pero sus palabras no pasarán (Mateo 24:35; Lucas 21:33).

Debemos orar y declarar la verdad de la Palabra de Dios sobre nuestra vida. Debemos permitir que la Palabra de Dios cambie nuestras condiciones y no dejar que nuestra circunstancia cambie la palabra de verdad. Frente a la adversidad y, muchas veces, desesperanza, usted debe decretar que Dios existe y que Él es galardonador de los que le buscan (Hebreos 11:6).

Las Anas tienen un espíritu tenaz que proclama que aunque es difícil, no es imposible. La resistencia, la firmeza y la resiliencia son parte inherente de la unción de Ana. Aquellas que son bendecidas con la unción de Ana tienen un corazón que es fuerte y está confiado en el Señor Dios. Sin importar lo que haga el enemigo para tratar de detenernos, nos rendimos humilde y decididamente a la soberanía y sabiduría de Dios y de su voluntad para nuestra vida.

Declaraciones contra el espíritu de cansancio

Declaro que no me desanimaré ni me cansaré (Gálatas 6:9). *Seré fuerte en el Señor y en el poder de su fuerza* (Efesios 6:10).

Soy una mujer noble, y viviré rectamente. No pondré mi integridad en peligro solo para avanzar.

No desecharé mi confianza en el Señor y en sus promesas para mí (Hebreos 10:35).

Entraré en mi época oportuna. Cosecharé porque no desmayaré (Gálatas 6:9).

Soy valiente y tengo fe audaz.

Habiéndolo hecho todo, permaneceré firme (Efesios 6:13).

No seré monótona ni pasiva espiritualmente.

Tengo el entusiasmo del Señor.

Tengo pasión por Dios y por la visión que Él ha puesto en mi corazón.

No tomaré atajos ni me volveré impaciente con mi proceso. Tengo resistencia.

Soy fortalecida con poder en mi ser interior para soportar y ver el cumplimiento de las promesas de Dios para mí.

Oraciones que encienden un espíritu firme

Señor, tu Palabra dice que si creo, todo es posible (Marcos 9:23). Señor, yo creo. Ayúdame en cualquier área de incredulidad. Lo que el ser humano dice que es imposible, es posible contigo. Te pido que me des una fe firme. Permíteme ver que lo imposible se haga posible en mi vida. Permanezco firme en la verdad de tu Palabra. Deja que el espíritu de resistencia descanse sobre mí. Quiero terminar mi curso con gozo, plenitud y producción.

Ata a toda fuerza intimidante que quiera hacerme renunciar a mi sueño y a las promesas de Dios. No cederé. No transigiré mis convicciones. Frente a lo que está más allá de mi habilidad humana, recibo tu gracia. Recibo la capacidad para hacer lo que no puedo hacer en mis propias fuerzas. Tu Palabra dice que el que soporta hasta el final será salvo (Mateo 24:13) y recibirá lo que se le ha prometido (Hebreos 10:36). Declaro que no seré disuadida de mi sueño. Proseguiré hacia la meta por la recompensa del supremo llamado en Cristo. Me esforzaré por obtener lo mejor. Por cumplir tu voluntad. Me esforzaré por tus promesas para mi vida. Permanezco firme en tus promesas.

Quita todo lo que trate de distraerme de la promesa. Ya sea mi edad, tiempo o las voces de derrota. Derrumbo toda imaginación que se exalte contra el conocimiento de Dios. En el nombre de Jesús llevo cautivo todo pensamiento y argumento a la obediencia de Cristo.

Oraciones que fortalecen y animan mientras espera en Dios

Padre, gracias porque tú nunca te cansas ni te agotas. Vengo valientemente a tu trono de gloria para que me des fortaleza sobrenatural. Señor, dame el poder para superar esta debilidad. Te pido que incrementes mi fortaleza. Espero en ti y mi fortaleza es renovada. Soy fortalecida con poder en mi ser interior. El gozo del Señor es mi fortaleza. Soy fuerte en ti y en el poder de tu fuerza. Declaro que tú eres mi fortaleza. Tú harás que mis pies sean como los del ciervo y yo caminaré sobre las montañas de la vida. Tus caminos, oh Señor, son fortaleza para el recto. Tú eres mi refugio y mi fortaleza, mi pronto auxilio en la tribulación. Declaro todo lo puedo en Cristo que me fortalece. Espero por ti, Señor. Seré fuerte y valiente.

Oraciones y declaraciones para perseverar en la oración

Declaro que no me rendiré ni cederé. No rendiré mi fe en las promesas de Dios. Pido, busco y llamo, y las puertas de la promesa se abrirán para mí. Buscaré tu rostro continuamente. Señor, te pido que liberes el espíritu de perseverancia sobre mi vida. Espíritu Santo, enséñame a perseverar en oración. Que el espíritu de oración repose sobre mi vida. Permíteme estar alerta, con un espíritu presto para proseguir en tu reino. Echo fuera de mi vida al espíritu de inactividad. Echo fuera de mi vida al espíritu de pereza. Seré diligente en la oración. Permite que la fuerza de intercesión descanse sobre mi vida. Declaro que la capacidad para orar eficaz y fervientemente descansará sobre mi vida. Soy el hacha de batalla de Dios, su arma de guerra. Oro en el Espíritu en todo momento. No dejaré de orar. El espíritu de gracia y súplica está sobre mi vida.

Capítulo 4

EL REMEDIO

Escudríñame [totalmente], oh Dios, y conoce mi corazón;
pruébame y conoce mis inquietudes. Y ve si hay en mí camino malo, y guíame en el camino eterno.

—Salmo 139:23-24, LBLA, corchetes añadidos

LAS PAREJAS QUE, sin éxito, han intentado tener un bebé por
medios naturales conocen bien el proceso que usan los doc-
tores para descubrir de quién es la fisiología que les impide
alcanzar sus sueños de ser padres. En el caso de Ana y Elcana,
ella era la estéril. Todo estaba bien con su esposo, pues él pudo
tener hijos con su otra esposa, Penina. Saber que ella era la que
estaba limitada en esta área debe haber sumado a la desesperación de Ana.

Cuando se casó con un hombre que la amaba y le mostra-
ba su favor, Ana debe haber pensado que estaba en camino a
tener la familia de sus sueños. Pero, luego, sucedió: nada. Nada
sucedió. Ella no tenía hijos. Ella no concebía el hijo que soña-
ba y por el que oraba. ¿Qué hizo mal? ¿Cómo cayó del favor
de Dios?

Quizás su esterilidad, o infertilidad, después de haber
hecho todo lo correcto, es lo que precisamente le guía a iden-
tificarse muy de cerca con Ana. Ve a quienes la rodean con

bebés o negocios. Las ve saliendo adelante. Hay productividad en todas partes, excepto en usted.

Permítame consolarla con esto: esta es una época que pasará pronto. Al igual que Dios escuchó la oración de Ana y le dio el hijo prometido, Dios le dará su promesa a usted. En este tiempo difícil, puede confiar que Dios usará sus circunstancias para hacer que su plan eterno se cumpla. Creo que Ana encontró a Dios en una manera poco común en su época de angustia y dolor. Él le reveló a Ana cosas de sí mismo a medida que ella se acercaba continuamente al Señor. Al final de sus dificultades y su prueba, ella profetizó y declaró sabiduría y revelación como nunca se había mencionado en la Escritura. Por ejemplo: ella habló de heredar un trono de gloria (1 Samuel 2:8). Creo que ella pasaba tiempo alrededor de este trono de gloria, contemplando la hermosura del Señor. Cuando declaró que nadie era como Dios (1 Samuel 2:2), no eran palabras vacías; ella había tenido un encuentro personal con el Señor, la clase de encuentro que Dios quiere para todas nosotras.

Tal como Ana lo hizo, yo quiero que usted se beneficie de su dolor. Lleve sus reveses, desilusiones y falta de entendimiento al trono de gloria. Hay algo más grande sucediendo en su vida. Dios le dará forma a su corazón para entender la perspectiva que Él tiene de su vida. Aproveche la atención de Dios sobre su corazón durante este tiempo. Él lo está preparando para crecer y nutrir la semilla que pronto le entregará. Deje que Él le muestre cualquier cosa impura escondida en su corazón. Haga que los versículos siguientes sean su oración durante esta época:

Crea en mí, oh Dios, un corazón limpio, y renueva un espíritu recto dentro de mí. No me eches de tu presencia, y no quites de mí tu santo Espíritu. Restitúyeme el gozo de tu salvación, y sostenme con un espíritu de poder.

—Salmo 51:10-12, lbla

Ana hizo esta oración un año tras otro al pedir por un hijo, pero no fue sino hasta que sus oraciones cambiaron y que ella hizo un voto nuevo a Dios que recibió lo prometido.

Regrese al camino correcto

Usted está trasladándose rápidamente hacia una época de ascenso. No se quedará eternamente donde está. He aprendido que cuando siento como si no he dado la talla en mi recorrido para el cumplimiento de mi destino, necesito incorporar arrepentimiento en mi tiempo de oración. Nada puede substituir al arrepentimiento. El camino equivocado no se vuelve correcto hasta que usted da la vuelta y regresa a donde estaba antes de tomar el cruce incorrecto.

Cuando estamos en el camino equivocado, la humildad es importante. Mientras más pronto reconozcamos que hemos hecho un mal giro, más pronto podemos arrepentirnos y regresar al camino correcto. Podemos decir: "Padre, me arrepiento. Guíame al camino de la eternidad".

El arrepentimiento es una de las formas principales en las que obtenemos un avance espiritual. Mi mentora me dijo: "Michelle, tienes que alinear tu vida con la Palabra de Dios. Tienes que llegar al punto de entender la Palabra". Cuando somos dotadas, no siempre sabemos dónde hemos errado porque nuestros dones aún funcionan. Romanos 11:29, dice: "porque los dones y el llamamiento de Dios son irrevocables [pues Él no se retrae de lo que ha dado, tampoco cambia de manera de pensar sobre aquellos a quienes les da su gracia o a quienes envía su llamado]" (LBLA, corchetes añadidos). Esto significa que usted puede andar y moverse en las cosas de Dios y aun así estar fuera de la voluntad de Dios. Esta época de esterilidad debería ser un tiempo de reflexión y autoevaluación profundas. Es un tiempo cuando el Señor está muy cerca de usted, extrayendo de su corazón. Él desea encontrarse con usted, pero necesita su atención completa.

Piense en esto: Jesús dijo que al final del tiempo habrá gente que le dirá: "Señor, Señor, ¿no profetizamos en tu nombre?" (Mateo 7:22). Jesús responderá: "Jamás os conocí; apartaos de mí" (versículo 23). Estas personas eran reconocidas por ser exactos en sus profecías, pero exactitud no significa que uno está en la voluntad de Dios. La voluntad de Dios se trata de andar fiel a su propósito. Se trata de lo que hace en su lugar secreto". Pablo escribió: "Más bien, pongo mi cuerpo bajo disciplina y lo hago obedecer; no sea que, después de haber predicado a otros, yo mismo venga a ser descalificado" (1 Corintios 9:27, rva-2015). Si usted tiene una vida que se alinea con Dios, entonces verá avances.

Amarre a las pequeñas zorras

¿Podría ser que no esté viendo avance y productividad en su vida porque su carácter necesita alinearse? A veces, tenemos apetito por las cosas equivocadas. Queremos estar en el liderazgo y ser conocidos como profetas, profetizas, apóstoles, pastores, esto o lo otro, pero esas posiciones pasarán. Sin embargo el fruto que Dios imparte a través de nosotras, el fruto del Espíritu, permanecerá. Él nos elige precisamente para eso. Dios dice: "No me elegisteis vosotros a mí, sino que yo os elegí a vosotros, y os he puesto para que vayáis y llevéis fruto, y vuestro fruto permanezca; para que todo lo que pidiereis al Padre en mi nombre, Él os lo dé" (Juan 15:16).

Dios no la escogió a usted solo para existir y llevar una vida sin fruto. Por lo tanto, es importante confrontar y eliminar los obstáculos que se interponen en el camino a su productividad. Tales obstáculos podrían incluir patrones de pensamiento erróneos, ataduras del alma, un imagen propia pobre, orgullo, incriminación, autojustificación, o ser complaciente.

Aunque tenemos fuerzas demoníacas que vienen contra nosotras, algunos de los obstáculos que pueden hacer más daño vienen de nuestro interior. Son como pequeñas zorras que arruinan la viña (Cantares 2:15). Roen y muerden la viña arruinando su cosecha. Ore que el fuego del Espíritu Santo queme cualquier pequeña zorra: cualquier vicio pequeño, zorras demoniacas, relación o patrón de pensamiento, que esté arruinando su fruto.

"Porque cual es su pensamiento en su mente [la del ser humano], tal es él (Proverbios 23:7, RVA-2015, corchetes añadidos). Rompa el pensamiento destructivo y equivocado y piense como Dios piensa. "Y renovaos en el espíritu de vuestra mente" (Efesios 4:23), y véase a sí misma como la ve Dios. Véase a sí misma como una persona próspera y de avance.

Además, cuide sus palabras. El chisme se comerá su cosecha. Las palabras de muerte o incredulidad tienen el poder para dejar su semilla sin vida. Deje que salgan de su boca palabras de vida y fe. Reprenda y apague a cualquier espíritu mentiroso.

Sea valiente y arrepiéntase de cualquier cosa que esté deteniendo su productividad. Eche fuera cualquier cosa que no se parezca a Dios. Si no sabe lo que es, pregúntele a Dios. Cualquier pequeña zorra que esté arruinando su viña, permita que el Señor la libre de todas ellas. No vale la pena aferrarse a ningún vicio a expensas de no llevar mucho fruto.

Los problemas del corazón a veces pueden ocultarse del mundo, pero no podemos ocultarlos de Dios. Dios nos ama demasiado como para dejarnos en nuestro punto de ignorancia, error o pensamiento incorrecto. Él puede sanar nuestro corazón y devolvernos al alineamiento con su voluntad, a fin de que podamos fructificar en nuestra vida. Dios quiere preparar nuestro corazón y mente para el avance que vendrá con toda seguridad.

Un avance es "un incremento súbito en conocimiento, entendimiento, etc.: un descubrimiento importante que sucede después de intentar por largo tiempo de entender o explicar algo". Es, además, "un avance repentino o un desarrollo exitoso".[1] Yo decreto que su corazón estará preparado para que Dios avance repentinamente, mejore, pula y perfeccione su vida para que esté en posición para un avance. Deseo que tenga un incremento repentino en conocimiento y entendimiento de su destino y la voluntad de Dios para su vida. Sin importar lo que el diablo le lance, usted está en una época en que tiene que permanecer firme en la Palabra de Dios y quedarse en el centro de la voluntad del Señor.

Permanezca en la vid

Yo soy la vid, vosotros los pámpanos; el que permanece en mí, y yo en él, éste lleva mucho fruto; porque separados de mí nada podéis hacer.

—Juan 15:5

Para que nuestro corazón sea uno con el de Dios en lo que se refiere a su promesa para nosotras, debemos habitar en Él. *Habitar* significa permanecer, quedarse, residir, soportar o continuar estando presente.[2] Jesús nos dice que si permanecemos en Él y continuamos estando presentes con Él, llevaremos mucho fruto. Él es la vid, y nosotras las ramas, no podemos sobrevivir separadas de Él.

En mi libro *The Anna Anointing*, hablo sobre lo que significa permanecer (*meno*, en griego) en Cristo:

Permanecer es la palabra griega *meno*, que significa "quedarse, habitar, continuar o estar permanentemente en un solo lugar". La palabra *meno* da la idea de que algo está arraigado, es inamovible y firme. Aprendemos a permanecer en Cristo al aplicar la Palabra de Dios a nuestra vida diaria. Debemos ver obedientemente a su Palabra como la autoridad final en nuestra vida. Debemos aplicar sus promesas a nuestro corazón. Nuestro corazón y deseos son transformados en una vida que da fruto.[3]

Note que la definición de *permanecer* dice "quedarse permanentemente en un solo lugar". Considere el lugar donde Ana derramaba sus deseos ante el Señor, el lugar a donde iba cuando las cosas en casa eran demasiado difíciles de soportar. Ana hizo del santuario, el templo del Señor, su morada. Ella habitó en la presencia de Dios. Si quiere un avance, habite en la presencia de Dios.

Amadas, su vida entera es importante para Dios. Podría sentir como si Él no está escuchando o no le importa porque esta época de esterilidad ha continuado por mucho tiempo sin un avance. Pero puede estar segura de esto: Dios es fiel. Él completará la obra que está haciendo en usted mientras espera por su Samuel. Él la ama y quiere verla producir, multiplicar y poblar la tierra. Sin embargo, así como Dios quería comunicarse con su pueblo todos esos años antes de que Samuel naciera, porque a Él le encanta compartir sus secretos con sus siervos, también hay algunas cosas que Dios no va a pasar por alto. Su pueblo necesitaba volver a estar alineado, en armonía y de acuerdo con Dios. Ellos necesitaban arrepentirse de haberle dado la espalda a Él y adorado a otros dioses. También hubo cosas con las que Ana tenía que ponerse de acuerdo. Ella oró:

> Oh Señor de los ejércitos, si tú te dignas mirar la aflicción (sufrimiento) de tu sierva, te acuerdas de mí y no te olvidas de tu sierva, sino que das un hijo a tu sierva, yo lo dedicaré al Señor por todos los días de su vida y nunca pasará navaja sobre su cabeza.
>
> —1 Samuel 1:11, LBLA, paréntesis añadido

Una vez que Ana hizo este voto, se consolidó para sí misma y para Dios su compromiso de dedicar el cumplimiento de su promesa a Dios para uso santo. Luego, cuando llegó el tiempo indicado, Ana concibió un hijo. Ella pasaba tiempo con Dios. Ella resistió y permaneció en Él y pudo llegar a entender la voluntad del Señor para ella y la semilla que ella tanto deseaba traer al mundo.

Hija, su tiempo indicado ha llegado. Entre a la presencia de Dios para que Él pueda impartirle su plan para acomodarla en un tiempo de avance y productividad. Jesús dijo que si usted permanece en su presencia y su Palabra permanece en usted, puede pedir lo que quiera y le será dado (Juan 15:7). El secreto para romper las épocas de esterilidad tiene dos partes: arrepentimiento y permanecer en Cristo. A medida que concentra sus oraciones y absorbe la sabiduría mientras el Señor le da revelación, verá productividad, bendición e incremento. Es mi oración que usted vea estos días convertirse en épocas de multiplicación. No permita que el enemigo la detenga. Arrepiéntase y permanezca en el Señor, y lleve mucho fruto.

Permanezca en Cristo

El enemigo trabaja tiempo extra para hacer que el simple acto de permanecer en Cristo sea más misterioso y abstracto de lo que es en realidad. Dependiendo de dónde esté en su caminar con Dios, el concepto de permanecer en Cristo puede sonar inalcanzable, así que permítame quitar el misticismo por usted. Permanecer en Cristo se centra en su comunicación con Él a través de la oración, adoración y lectura y obediencia de su Palabra.

Oración

Hablar con Jesús. Tenemos que hablar con Dios sobre qué queremos, quiénes somos y dónde queremos ver el fruto de Dios manifiesto en nuestra vida. Tenemos que salir del frenesí en el cuerpo de Cristo referente a nuestra habilidad para escuchar la palabra del Señor. Hay tanta ansiedad sobre conocer lo que Dios está diciendo. Tenemos que apartarnos de la locura y verdaderamente concentrar nuestra atención en Jesús. Tome quince minutos justo después de leer este capítulo y, sencillamente, hable con Jesús.

Dese cuenta de que Jesús envió al Consolador, el Espíritu Santo, quien ahora vive en usted, caminando con usted, enseñándoles y guiándola, y Él compartirá los secretos del reino con usted si lo busca y pide. Aparte un tiempo para conversar con Jesús. El diablo se burlará de usted diciéndole que parece tonta y que está hablando sola. Sin embargo, nosotras tenemos una audiencia con el Rey. Gracias a Jesús, podemos acercarnos confiadamente al trono.

Hable con Jesús. Hable con Dios. Converse con el Espíritu de Dios. Dios no quiere que lo sirvamos en obediencia ciega. Él dice: "Venid ahora, y razonemos" (Isaías 1:18). Usted puede decirle a Dios: "En realidad no comprendo esto. Mi carne no quiere someterse en esta área. Por favor, ayúdame. Quiero hacer tu voluntad. Enséñame. Muéstrame", y Él honrará la pureza de su corazón. Ser auténtica con Dios y verlo responder con ayuda de lo alto edifica una fe fuerte.

Cuando usted tiene una relación sincera con Dios, puede hablar abiertamente con Él y saber que Él le escucha, y que le habla abiertamente, y usted lo escuchará. Cuando yo llego a este concepto, pienso en las relaciones más grandes entre Dios y los humanos. Ninguno de los humanos era perfecto, pero todos ellos tenían un lazo fuerte con Dios porque fueron sinceros con Él y se sometieron a su señorío. Piense en Moisés, David, Job y, por supuesto, Ana. Ellos no escondieron sus temores, debilidades, anhelos o deseos. Dios lo sabía todo. Vea los avances, las victorias y liberaciones que ellos experimentaron. Le animo a meditar en la vida de ellos, sabiendo que usted puede permanecer en Dios incluso a un nivel más alto que ellos, pues ellos no tenían al Espíritu Santo viviendo en su interior.

Adoración

La adoración es un instrumento de la oración. La adoración nos lleva cara a cara y nos coloca en contacto cercano con Dios. Ana rindió su posesión más valiosa al Señor: ¡su sueño! Llega un tiempo cuando usted tiene que darle a Dios la gloria debida a su nombre. Tome los nombres de Dios y proclámelos en voz alta. Levante a Dios por encima de su situación. *Adorar* literalmente significa humillarse así mismo. Pase un tiempo inclinada y arrodillada como un acto de rendimiento. Pregunte al Señor cómo puede servirlo. No le pida nada durante este tiempo; solo minístrele a Él.

Leer y obedecer su Palabra

Debemos leer la Palabra, aplicar las promesas de Dios y someternos a su liderazgo. Aplicamos la Palabra de Dios en nuestro corazón al confesar la verdad de la Palabra y resistir las mentiras del enemigo. Leer la Palabra en voz alta y luego pedirle entendimiento al Espíritu Santo hace que la fe surja en nuestro corazón. La Palabra se vuelve lo que yo llamo entendimiento vivo, o entendimiento que vive en su corazón, facilitando aplicarla y practicarla. Usted es transformada por solo escuchar la Palabra y la fe surge para que usted se vuelva hacedora de la Palabra. "Llevad con vosotros palabras de súplica, y volved a Jehová, y decidle: Quita toda iniquidad, y acepta el bien, y te ofreceremos la ofrenda de nuestros labios" (Oseas 14:2). El profeta nos amonesta a que llevemos las palabras con nosotras cuando nos encontremos con la presencia del Señor. Las palabras que debemos llevarle a Dios son las palabras de la Biblia. Decírselas a Él abrirá un nuevo conocimiento y sabiduría que proviene del corazón de Dios. Usted pensará como Él y verá cosas, por el Espíritu, relacionadas a su vida y destino.

No hay manera más grande para mostrarle a Dios su confianza y amor por Él que la obediencia. Es mayor que el sacrificio y la adoración.

> ¿Se complace el Señor tanto en holocaustos y sacrificios como en la obediencia a la voz del Señor? He aquí, el obedecer es mejor que un sacrificio, y el prestar atención [es mejor], que la grosura de los carneros. Porque la rebelión es [tan serio] como pecado de adivinación

(clarividencia), y la desobediencia [es tan seria] como iniquidad e idolatría.

—1 Samuel 15:22-23, LBLA, corchetes añadidos

De hecho, la obediencia es un acto de adoración. Presentarnos ante Dios en una manera que es santa y agradable a Él es nuestro acto racional de adoración (Romanos 12:1). Confirmamos nuestro amor por Dios al obedecerle. Jesús dijo: "Si me aman, guarden mis mandamientos" (Juan 14:15). La desobediencia la aparta de Dios. La obediencia la acerca.

Como una mesa preparada ante usted

El Señor me dio la imagen de una mesa, la mesa de Él, y nosotras, las santas de Dios, estábamos sentadas frente a ella. La mesa estaba llena de frutos de todas clases, y nos invitaron a comer hasta saciarnos. Él nos invita a participar el fruto de su labor. Dios no quiere que nosotras sigamos trabajando en el campo, plantando semillas y regándolas sin ver nunca la cosecha.

Creo que Dios la está invitando a la próxima época. Usted está buscando y permaneciendo en Él incluso en la época de invierno, pero el tiempo de la cosecha se aproxima. Deje que la cosecha del Señor venga.

La Biblia habla sobre el tiempo de la semilla y de la cosecha. Hemos sembrado con lágrimas y oraciones y ayuno; ahora es tiempo de cosechar el fruto de esa semilla. El Salmo 126:5-6 dice: "Los que siembran con lágrimas, segarán con gritos de júbilo. El que con lágrimas anda, llevando la semilla de la siembra, en verdad volverá con gritos de alegría, trayendo sus gavillas" (LBLA).

Mujer de Dios, es tiempo de su cosecha. El Señor ha preparado una mesa delante de usted en presencia de sus enemigos. Él la invita a su época de abundancia, de demostración y de exceso. Deseo que reciba más de lo que ha pedido. Que Dios exceda sus expectativas.

Una vez que reciba lo que pidió, todavía no se acaba. Dios quiere que sea libre para dar lo que ha recibido. Que ha sido bendecida para ser de bendición es una parte importante de reproducir el fruto que queda. Fue discipulada por Dios, y ahora usted se convierte en quien discipula a otras. Usted da lo que tiene. Lo que tiene le pertenece a Dios; no es suyo.

Isaías 54 es la declaración de Dios a las estériles que darán a luz según su plan. Algunas Anas tendrán hijos e hijas espirituales que serán más en número que sus hijos naturales. Así como Ana tuvo que ajustar sus expectativas en lo que se refiere a su hijo prometido, usted podría tener que hacer un voto nuevo según la voluntad de Dios para su vida. Le animo a que declare esta palabra profética sobre sí misma en fe, incluso mientras espera. Dios cumplirá, con toda seguridad, todas sus promesas.

Regocíjate, oh estéril, la que no daba a luz; levanta canción y da voces de júbilo, la que nunca estuvo de parto; porque más son los hijos de la desamparada que los de la casada, ha dicho Jehová. Ensancha el sitio de tu tienda, y las cortinas de tus habitaciones sean extendidas; no seas escasa; alarga tus cuerdas, y refuerza tus estacas. Porque te extenderás a la mano derecha y a la mano izquierda; y tu descendencia heredará naciones, y habitará las ciudades asoladas. No temas, pues no serás confundida; y no te avergüences, porque no serás afrentada, sino que te olvidarás de la vergüenza de tu juventud, y de la afrenta de tu viudez no tendrás más memoria.

—Isaías 54:1-4

Esta es su época de expansión. Cantará. Profetizará. Decretará. Crecimiento, abundancia y multiplicación vienen a su casa. No más escasez ni carencia. El Señor es su pastor; nada le faltará (Salmo 23:1). El Espíritu de Dios está examinando su corazón para encontrar cualquier cosa que no sea como Dios, cualquier obstáculo que se interponga en su camino. Él la sanará: mente, cuerpo y espíritu, y hará que lleve fruto que permanezca.

Oraciones que se oponen al patrón de pensamiento de víctima

Decreto que yo no soy víctima; soy victoriosa por medio de Cristo Jesús. Ato todo espíritu de mentira y seducción que me hace pensar que todos están en mi contra. No estoy indefensa ni desesperada. Creo en Dios. No siempre puedo controlar lo que me sucede, pero sí puedo controlar mi reacción. Decreto que no tendré una perspectiva distorsionada ni un pensamiento limitado. Mi identidad no será una versión de lo que me ha sucedido. Estaré completa. Tendré hijos. Seré fructífera y multiplicaré. No viviré como víctima. No viviré con duda e incredulidad. Mi esterilidad no es miembro de mi familia. No la alimentaré ni la justificaré. No está en mi futuro. Seré renovada en el espíritu de mi pensamiento. ¡Gracias sean dadas a Dios, quien me da la victoria a través de Jesucristo!

Oraciones que se oponen a la autoimagen pobre

Elijo ver hacia afuera en lugar de concentrarme en mí misma. Reprendo todo sentimiento de ineptitud. Señor, tú eres el alfarero y yo soy el barro. Soy tu vaso de honra. Derrumbo cualquier imaginación que diga que no soy lo suficientemente buena, que no soy lo suficientemente inteligente, o que mi cuerpo está defectuoso. Declaro que soy asombrosa y maravillosamente hecha. Me desligo de todos los espíritus de autodesprecio. Soy hermosa. Soy fuerte. Y todo lo puedo en Cristo que me fortalece. Reprendo y callo toda voz interna que me dice que no soy lo suficientemente buena para tener un hijo o que no soy lo suficientemente fuerte para dirigir una empresa. Decreto que yo soy digna de ser amada. Te agradezco, Señor, que soy hechura tuya, tu obra maestra.

Oración de arrepentimiento

Padre, crea en mí un corazón limpio y renueva un espíritu recto dentro de mí. Señor, perdóname por tambalear. Dejo de lado todo peso y pecado que fácilmente me atrapa. Me desligo de llevar el peso de mi promesa en cumplimiento. Echo todas mis preocupaciones sobre ti. Recurro a ti, Jesús, el autor y consumador de mi fe. Te confiaré mi sueño y recibo tu gracia para correr esta carrera. Cumpliré mi destino por tu Espíritu y no por mis fuerzas. Me arrepiento de tratar de apresurar tu proceso. Mis tiempos están en tus manos. Purifica mi corazón, purifica mis motivos y quita el pensamiento equivocado. Permíteme ser renovada en el espíritu de mi pensamiento. Derrumbo toda imaginación y argumento que se exalte contra ti. Me arrepiento de permitir que la ansiedad y el temor del futuro gobiernen mi corazón. Me arrepiento de dudar y no creer. Límpiame del malvado corazón de la duda. Elijo creer en ti. Me arrepiento del orgullo y la arrogancia. Quita la dureza de mi corazón y dame un corazón de carne. Confío en ti con todo mi corazón y no me apoyo en mi propio entendimiento.

Capítulo 5

LOS ENEMIGOS QUE SE REÚNEN

Penina tenía hijos, pero Ana no los tenía ... Y su rival la provocaba amargamente para irritarla, porque el Señor no le había dado hijos. Esto sucedía año tras año; siempre que ella subía a la casa del Señor, la otra la provocaba. Y Ana lloraba y no comía.

—1 Samuel 1:2; 6-7, LBLA

INCLUSO MIENTRAS SUPERA los obstáculos internos que vienen contra el cumplimiento de las promesas de Dios, hay enemigos externos que la atacan. Estos enemigos incluyen celos, transigencia, malentendidos, juicio y crítica. En la vida de Ana, podemos observar estas características personificadas en Penina, Elcana y Elí, tres de las personas más cercanas a Ana cuando ella luchaba a través de la esterilidad y la infertilidad.

El cansancio puede llevarla a ceder ante estos enemigos. Los celos de los demás pueden hacer que usted quiera retractarse y disminuir la intensidad de su búsqueda. Podría sentir como si quisiera hacerse más pequeña así la gente no confundiría su confianza y optimismo con arrogancia. Un espíritu de celos también podría transferirse a usted cuando ve a los demás recibir el tipo de avance y la bendición por la que ha estado orando. La transigencia podría hacerle sentir como si usted tiene expectativas

muy altas y no merece todo aquello por lo que ora. El malenten-
dido, el juicio y la crítica podrían guiarla a dudar lo que escuchó
de Dios o creer que tal vez no se necesita tanta oración, adoración y ayuno para ver sus sueños hechos realidad.

Estos enemigos externos son enviados a hacer lo mismo que
los enemigos internos intentaron: obligarla a rendirse y a perder-
se el cumplimiento de la promesa de Dios en su vida. Ellos vienen a robar, matar y destruir el fruto de su sueño antes de que
este nazca. Usted ha llegado hasta aquí por fe, y Dios se asegu-
rará de que usted pase al otro lado. Él dice:

> Si alguno conspirare contra ti, lo hará sin mí; el que
> contra ti conspirare, delante de ti caerá. Ninguna arma
> forjada contra ti prosperará, y condenarás toda lengua
> que se levante contra ti en juicio. Esta es la herencia de
> los siervos de Jehová, y su salvación de mí vendrá, dijo
> Jehová.
>
> —Isaías 54:15, 17

Analizaremos estos enemigos identificando sus tácticas y
examinando cómo la gracia, humildad y enfoque firme de Ana
la ayudaron a ganar la victoria sobre cada uno de estos enemigos y, en uno de los casos, convirtieron a un enemigo en un
aliado.

Penina y el enemigo de celos

Los celos son uno de esos comportamientos que los cristianos
no mencionan tanto como otros pecados, tal como la inmora-
lidad sexual. Sin embargo, los celos son tan pecado como la
infidelidad a un cónyuge. Los celos son claramente un comportamiento impío y destructivo, y a Dios no le gusta.

Los celos son hostilidad hacia un rival o hacia alguien de
quien se cree que tiene una ventaja.[1] Los celos llevan a una
persona a tratar al blanco de sus celos con gran resistencia y

oposición. Esta persona no es amigable, es antagonista y ofensiva. La codicia y la envidia son comportamientos relacionados que van junto con los celos. La codicia está "marcada por un deseo excesivo por la riqueza o las posesiones o por las posesiones de otra persona", mientras que la envidia es una "consciencia dolorosa o resentida de una ventaja que disfruta otra persona junto con el deseo de poseer esa misma ventaja".[2] Las personas celosas están profundamente conscientes de que les falta algo, pero en lugar de esforzarse por ello o acudir a Dios sobre eso, su resentimiento las hace atormentar, burlarse y entristecer a quienes tienen lo que piensan que ellas deberían tener.

¿Alguna vez ha sido víctima de celos? ¿Alguien los ha sentido por usted, por su posición o por su unción? ¿Alguna vez alguien ha competido con usted en un juego en el que no sabía que estaba participando? Si es así, entonces usted sabe cuán desconcertante y destructivo es para sí misma y para los demás:

Te aseguro que el resentimiento destruye al necio, y los celos matan al ingenuo.

—Job 5:2, NTV

El corazón tranquilo da vida al cuerpo, pero la envidia corroe los huesos.

—Proverbios 14:30, NVI

Cruel es la furia, y arrolladora la ira, pero ¿quién puede enfrentarse a la envidia?

—Proverbios 27:4, NVI

Otra versión de Proverbios 27:4 dice: ¿quién podrá mantenerse en pie delante [del pecado] de los celos? (RVA-2015, corchetes añadidos). Los celos pueden ser totalmente consumidores tanto para la víctima como para el responsable. Si las víctimas no rompen los lazos con una persona celosa, puede ser vencida por ella cuando las cosas buenas de la que la vida le trae son ahogadas. La responsable será consumida por el fuego insaciable y eterno de los celos. Los deseos de una persona celosa no pueden satisfacerse. Tampoco se puede razonar con una persona celosa porque su mentalidad está atascada en el derecho y basada en la inseguridad que solo pueden sanarse en la presencia de Dios. Los celos son mundanos y carnales:

> Porque todavía sois carnales [de este mundo] [controlados por impulsos comunes, capacidad pecaminosa]. Pues habiendo celos y contiendas entre vosotros, ¿no sois carnales y andáis como hombres [sin fe]?
>
> —1 Corintios 3:3, LBLA, corchetes añadidos

Los celos son malos y diabólicos y abren la puerta a todo tipo de prácticas pecaminosas y vulgares:

> Pero si tenéis celos amargos y ambición personal en vuestro corazón, no seáis arrogantes y [como consecuencia] así mintáis contra la verdad. Esta sabiduría [superficial] no es la que viene de lo alto, sino que es terrenal (secular), natural (no espiritual), diabólica. Porque donde hay celos y ambición personal, allí hay confusión [intranquilidad, rebeldía] y toda cosa mala.
>
> —Santiago 3:14-16, LBLA, corchetes añadidos

Los celos son una obra de la carne:

> Las obras de la naturaleza pecaminosa se conocen bien: inmoralidad sexual, impureza y libertinaje; idolatría y brujería; odio, discordia, *celos*, arrebatos de ira, rivalidades, disensiones, sectarismos y *envidia*; borracheras, orgías, y otras cosas parecidas. Les advierto ahora, como antes lo hice, que los que practican tales cosas no heredarán el reino de Dios.
>
> —Gálatas 5:19-21, NVI, énfasis añadido

Los celos se arraigan donde no hay amor:

El amor es paciente, es bondadoso. El amor no es envidioso ni jactancioso ni orgulloso.

—1 Corintios 13:4, NVI

Los celos son indicativos de un dolor o vacío emocional o espiritual. Tiene su origen en el temor (temor de no tener o ser suficiente, o temor al rechazo por no ser o tener suficiente), el enojo, el resentimiento y la amargura con Dios o "la vida" debido a no tener lo que uno piensa merecer. Las personas celosas son inseguras, y rechazan todas las cosas buenas porque fueron rechazadas en algún momento. Necesitan amor y afirmación desesperadamente, aunque la rechazan cuando llega.

En la historia de Ana, Penina es la antagonista celosa. Asumimos que estaba celosa porque su esposo amaba más a Ana y le daba una doble porción de la carne del sacrificio, aunque Ana no tenía hijos.

Cuando llegaba el día en que Elcana ofrecía sacrificio, daba porciones [de la carne ofrecida como sacrificio] a Penina su mujer y a todos sus hijos e hijas; pero a Ana le daba una doble porción, pues él amaba a Ana, aunque el Señor no le había dado hijos.

—1 Samuel 1:4-5, LBLA, corchetes añadidos

Penina estaba dolida aunque ella sí tenía hijos. Carecía en un área significativa de su vida: la necesidad de que su esposo la apreciara y la amara. Todos sus hijos no substituían el amor y la aceptación que ella necesitaba de parte de su esposo, pero aun más de Dios. Imagino que sus oraciones más bien parecían quejas: "¿Por qué él no me ve como mira a Ana? ¿Por qué no me ama como la ama a ella? ¿Por qué no puedo recibir una doble porción? Le he dado una aljaba llena de hijos. Ana no le ha dado ninguno. No es justo. Dios, quiero lo que ella tiene".

Esta no es la manera de acudir a Dios. Debido a lo que nos muestra la Escritura respecto a los celos, podemos concluir que Penina no tenía una relación cercana con Dios. Ella no acudía a Él llevándole sus deseos para que fueran purificados o para que lo que estuviera impidiendo que ella tuviera lo que realmente necesitaba fuera removido. Ella no prestaba atención a lo que Dios planeaba específica y exclusivamente para ella para llevarla al cumplimento que ella deseaba. En cambio, ella perseguía lo que Ana tenía. "Desean algo y no lo consiguen. Matan y sienten envidia, y no pueden obtener lo que quieren. Riñen y se hacen la guerra. No tienen, porque no piden. Y, cuando piden, no reciben porque piden con malas intenciones, para satisfacer sus propias pasiones" (Santiago 4:2-3), nvi.

Penina quería amor, pero ella no era amorosa ni se daba a querer. Ella era desleal y malvada. Un día tras otro, ella fastidiaba, se burlaba y provocaba a Ana hasta que lloraba y no podía comer. La Biblia llama a Penina adversaria y rival. La palabra hebrea para *adversaria* es *tsarah* y significa "adversidad, aflicción, angustia, sufrimiento, tribulación, problema". Significa "vexer" o "esposa rival".[3] Una adversaria es "alguien que lucha en contra, se opone, o se resiste: un enemigo y oponente".[4] Un rival es "uno de dos o más luchando por alcanzar u obtener algo que solamente uno puede poseer; uno que lucha por una ventaja competitiva". *Rival* también significa "estar en competencia con alguien". Los rivales también buscan emular, igualar o superar a otros. Los sinónimos incluyen: "retador" y "competidor".[5] Como rival y adversaria de Ana, Penina la provocaba, nunca la dejaba olvidar que Dios no le había dado hijos. La palabra hebrea para *provocar* significa enojar, irritar, preocupar, afligir, entristecer, molestar".[6]

Por las definiciones mencionadas, parece como si las palabras y acciones por celos están perfectamente alineadas con algo llamado abuso verbal o emocional, y hay otros que lo llaman intimidación: un tema preocupante. La gente pierde la esperanza y el deseo de vivir debido a los ataques despiadados de personas problemáticas, demoniacas y malvadas. Las palabras hieren tanto como, o tal vez más que, la violencia física. La burla y la provocación incesantes hacen que algunas personas luchen con depresión profunda, ansiedad, inseguridad y pensamientos de suicidio y carencia de valor. Cuando somos víctimas del espíritu de celos, este ataca nuestra autoestima.

El Salmo 43:5 dice: "¿Por qué te abates, oh alma mía, y por qué te turbas dentro de mí? Espera en Dios; porque aún he de alabarle, salvación mía y Dios mío". Los ataques verbales tienen una manera de llevarnos a un lugar de desesperación. Es un lugar al que vamos cuando la luz de la esperanza se ha apagado. Sentimos que no podemos buscar esperanza y expectativa por temor a que se burlen de nosotras hasta por ser positivas.

La provocación, la burla y el acoso tienen una forma de atacar nuestra identidad, quienes somos. Pero están llenas de mentiras. Si no sabemos lo que Dios ha dicho sobre nosotras, estaremos en la lucha por nuestra vida contra la fortaleza destructiva detrás de los celos. Las mentiras de los celos nos irritan. Penina "la irritaba [a Ana], enojándola y entristeciéndola" (1 Samuel 1:6, RVA). La irritación es un enemigo contra las Anas durante esta época de espera y preparación, tal como lo mencioné en el capítulo dos. La irritación quita sus ojos de Dios y los pone en su propia situación.

Penina estaba siendo usada a propósito por el enemigo. Al enemigo le encanta la división y la contienda. Penina tenía hijos propios, aun así ella quería lo que Ana tenía. Pero usted no puede satisfacer a una persona celosa dándole lo que tiene. El espíritu malo continuará pidiendo más hasta que a usted no le quede nada. Por eso, no puede darle lugar al espíritu de celos. Debe ser echado fuera. No puede ocupar el mismo espacio que una persona que está celosa de usted. Ella nunca descansará hasta verla sin nada.

Ana no estaba dispuesta a renunciar a lo que Dios tenía para ella. Su estrategia fue permanecer lejos de Penina y quedarse en la presencia de Dios, donde podía escuchar, una y otra vez, quién era ella en el Señor. Ella habitaba en la presencia de Dios porque Él afirmaba su identidad. No hay registro alguno de Ana respondiéndole verbalmente a Penina. En cambio, ella se levantó de la mesa para ir al santuario del Señor.

Muchas veces, las mujeres competimos unas con otras por cosas que están igualmente disponibles para todas. Otras veces, queremos algo que es especial o único de otra mujer, sin aceptar y procurar nuestra singularidad que nos capacita para brillar. Pero las Anas no pueden darse el lujo de tener una competencia impía. Esto destruye la gracia y la humildad que es esencial para nuestra identidad. Crea distracciones impías y quita nuestra concentración y mirada de Dios. Tampoco podemos quedar atrapadas en tratar de descubrir por qué alguien tiene celos de nosotras; eso es verdaderamente algo entre esa persona y Dios. A cambio, apártese calladamente de la mesa de esa persona y vaya a la casa de Dios, a su clóset de oración o a cualquier lugar que haya apartado para su tiempo con Dios.

Ponga la otra mejilla

Una de las maneras más efectivas para vencer al espíritu de celos es practicando el mandamiento de Jesús de poner la otra mejilla. Ahora bien, antes de que piense que esto significa permitir que sus enemigos le peguen en la cara una vez, luego poner la otra mejilla para que ellos lo vuelvan a hacer, permítame compartirle esta revelación. El mandamiento de Jesús realmente se trata de mantener nuestro rostro centrado en la promesa; no de volver nuestro rostro a la izquierda o a la derecha, sino de permanecer concentrada y dejar que Dios nos defienda.

> Pero yo os digo: no resistáis al que es malo [quien le insulta o viola sus derechos]; antes bien, a cualquiera

que te abofetee en la mejilla derecha, vuélvele también la otra [simplemente ignore los insultos insignificantes o pérdidas triviales y no tome represalias –mantenga su dignidad, el respeto por sí misma, su equilibrio].

—Mateo 5:39, lbla, corchetes añadidos

Tal como vimos, Ana no le dijo ni le hizo nada a Penina. Ella mantuvo su pensamiento y corazón concentrados en Dios. Ana puso su rostro como un pedernal y confió en que el Señor la protegería de ser avergonzada. (Vea Isaías 50:7). Cuando el enemigo la atacó, ella volteó su rostro hacia Dios. Cuando tenemos el mismo entendimiento que Ana, podemos declarar:

- "Tengo mi mirada en el objetivo, donde Dios me evalúa continuamente. Voy apresuradamente, no volveré atrás". Así que me mantengo concentrada en ese objetivo, porque yo quiero todo lo que Dios tiene para mí (vea Filipenses 3:12-16).
- Debido a que he puesto mi amor en Dios, yo sé que Él me librará. Él me protegerá porque conoce mi nombre. Cuando clamo, Él me responde. Dios está conmigo en mi angustia. Él me librará y me honrará. (Vea Salmo 91:14-15).
- "Te amo, Señor; tú eres mi fuerza. El Señor es mi roca, mi fortaleza y mi salvador; mi Dios es mi roca, en quien encuentro protección. Él es mi escudo, el poder que me salva y mi lugar seguro" (Salmo 18:1-2, ntv).

Ana conocía la importancia de mantener su enfoque en Dios. Ella no perdió la cabeza bajo el abuso y el ridículo que Penina le lanzaba. Isaías 26:3 dice: "Tú les das paz a los que se mantienen pensando en ti [eso es, comprometido y enfocado en ti; tanto en inclinación como en carácter], porque en ti han puesto su confianza [con esperanza y confiada expectación]" (pdt, corchetes añadidos).

No sea una Penina

Los celos y la amargura tienen un modo de mantenerla en épocas de esterilidad por mucho tiempo. En algunas formas, Penina tenía un espíritu que es como la contra-unción de la unción de Ana. Penina les dedicaba menos tiempo y energía a sus hijos para dedicarse a intimidar y abusar a Ana. Ella estaba distraída por sus esfuerzos para hacer que la vida de Ana fuera miserable. Ana estaba enfocada; Penina estaba dividida. Ana era fructífera en el espíritu; Penina tenía escasez y estaba vacía.

¿Cómo reaccionamos cuando no tenemos lo que pensamos que deberíamos tener? ¿Podemos ayudar y animar a otras mujeres y sus éxitos mientras esperamos por el propio? ¿Reaccionamos con celos, incapaces de ver y disfrutar lo que sí tenemos? Cuando usted está ocupada viendo el progreso de otra mujer y la envidia, se pierde de las lecciones y del tiempo privado con Dios que la guiará al avance que ha estado buscando.

Los celos nos hacen olvidar lo que ya tenemos. Los celos hacen que menospreciemos los beneficios, privilegios y bendiciones que tenemos y que sobrevaloremos las posesiones de los demás. "Los celos pueden volver la vida una competencia sobre quién tiene lo mejor, es la mejor y puede presumir más. Esta actitud complace al dios de este mundo (Satanás), no al verdadero Dios... Los celos murmuran continuamente diciéndonos 'Los dones de Dios no son suficientemente buenos. Tú necesitas/mereces/deberías tener todo lo que desees en esta vida'".[7]

La gratitud y el contentamiento son muy útiles para ayudarnos a centrar nuestra atención en nuestro propio recorrido. Estar agradecida por lo que Dios ha hecho en su vida es muy importante cuando ve a otras prosperar. La gratitud también la mantiene concentrada sobre el lugar de donde Dios la sacó. La gratitud la mantiene en el presente, mientras que los celos la hacen pensar muy por delante.

Las Anas tienen un lugar especial en el corazón de Dios. No hay razón para que seamos celosas:

No te irrites a causa de los malhechores; no tengas envidia de los que practican la iniquidad. Porque como la hierba pronto se secarán, y se marchitarán como la hierba verde. Confía [depende y ten confianza] en el Señor, y haz el bien; habita en la tierra, y cultiva [firmemente] la fidelidad. Pon tu delicia en el Señor, y Él te dará las peticiones de tu corazón.

—Salmo 37:1-4, LBLA, corchetes añadidos

Elcana: No haga concesiones; luche por la promesa

Entonces Elcaná, su esposo, le decía: "Ana, ¿por qué lloras? ¿Por qué no comes? ¿Por qué estás resentida? ¿Acaso no soy para ti mejor que diez hijos?".

—1 Samuel 1:8, NVI

Sabemos que tienen buenas intenciones, pero los esposos no pueden ocupar el lugar de la promesa de Dios que viene a hacerse realidad en nuestra vida. Así que dejemos una cosa en claro: no hay premios de consolación en el reino de Dios. Si el Señor le dio una promesa o un sueño, no se conforme con nada más ni nada menos que lo que Él le prometió.

El esposo de Ana no tenía ni idea de lo que clamaba el corazón de Ana. Ella no quería diez hijos; ella quería lo que Dios le había prometido. Las preguntas de Elcana le presentaron una opción que ella no estaba dispuesta a tomar. Su respuesta está en sus acciones. Cuando ella decidió volver al santuario para orar, le estaba diciendo a su esposo: "No, no puedes tomar el lugar de la promesa de Dios para mí. No olvidaré el anhelo de tener un hijo. No dejaré de clamar a Dios. No dejare de ayunar. Yo quiero todo lo que Dios me ha prometido, y no me conformaré con nada más".

Cuando el Señor la ha escogido como precursora para dar a luz y avance a su promesa en la tierra, puede ser un tiempo muy solitario en su vida. Muchas veces, la gente cercana a usted malinterpretará su pasión y entusiasmo para ver el sueño cumplido. Las preguntas de Elcana revelan su condescendencia hacia su esposa y sencillamente cuán despistado estaba ante el dolor que causó al llevar a otra mujer a la casa. La Escritura no revela por qué Elcana no permaneció firme en fe con Ana creyéndole a Dios por un hijo. Él cedió ante las presiones de la cultura y tuvo una segunda esposa para perpetuar su legado.

El espíritu de transigencia puede filtrarse sutilmente en su corazón. Tiene que entender cuán importante es su trabajo para Dios. Podría parecer pequeño ante los ojos de las personas, pero su sueño, su visión o el nacimiento de su hijo es importante a los ojos de Dios.

Según el *Collins Dictionary* "una transigencia es una situación donde la gente acepta algo ligeramente diferente de lo que realmente quiere ya sea por circunstancias o porque está considerando los deseos de otros; si usted cede con alguien, llega a un acuerdo con esa persona donde ambos abandonan algo que uno deseaba originalmente".[8] Si usted es como yo, transigir no suena bien definitivamente. Tenemos que estar resueltas a nunca transigir y jamás conformarnos con menos de lo que el Señor nos ha prometido. La pregunta de Elcana estaba sutilmente atada a la transigencia. Insinuaba que Ana debía conformarse con que él fuera suficiente para ella. La transigencia era como un vapor filtrándose bajo la puerta. Las Anas debemos ser firmes sobre lo que creemos que Dios nos ha prometido y estar preparadas para luchar hasta el cumplimiento y la victoria.

Mientras espera en la promesa de Dios, usted podría enfrentarse a la duda y la incredulidad. Tiene que vencer la presión de dudar de la bondad de Dios. Una de las declaraciones de David era: "Hubiera yo desmayado, si no creyese que veré la bondad de Jehová en la tierra de los vivientes" (Salmo 27:13). En tiempos de espera por una promesa, usted es forzada a ahondar para ver quién es usted en realidad y en qué cree verdaderamente. Cuando llegue la oportunidad para transigir o conformarse con menos de lo que Dios ha prometido, simplemente diga no. Espere pacientemente en Dios, y Él fortalecerá su decisión. Dígale al enemigo: "No seré sacudida. No seré movida. Mantendré mis ojos en Dios y en todo lo que Él tiene para mí". Permanezca firme en la promesa. Permanezca fiel en el recorrido.

Elí: compañeros de destino
— De la equivocación al acuerdo

Y mientras ella continuaba en oración delante del Señor, Elí le estaba observando la boca. Pero Ana hablaba en su corazón (mente), sólo sus labios se movían y su voz no se oía. Elí, pues, pensó que estaba ebria. Entonces Elí le dijo: ¿Hasta cuándo estarás embriagada? Echa de ti tu vino.

—1 Samuel 1:12-14, LBLA, paréntesis añadido

A nadie le gusta ser juzgado. Elí juzgó mal a Ana y le habló de manera religiosa y con desdén; sin embargo, Ana tuvo la sabiduría y la gracia para cambiar la situación a su favor. Ella lo corrigió gentilmente y estableció la verdad: "No, señor mío, soy una mujer angustiada en espíritu; no he bebido vino ni licor, sino que he derramado mi alma delante del Señor" (versículo 15). Luego, pidió que él ajustara su punto de vista y empatizara con su situación: "No tengas a tu sierva por mujer indigna; porque hasta ahora he orado a causa de mi gran congoja y [amarga] aflicción" (versículo 16, corchetes añadidos). Ella apeló a la compasión del hombre de Dios. Debido a su naturaleza profética, Elí pudo discernir su sinceridad, así que la dejó ir y pronunció una bendición sobre ella que fue el ingrediente final para romper la época de esterilidad de Ana. Él dijo: "Ve en paz; y que el Dios de Israel te conceda la petición que le has hecho" (versículo 17). En un instante, Ana recibió la medida completa de su nombre. La gracia y el favor la encontraron. Su semblante cambió. La Biblia dice que ella ya no estaba triste (versículo 18).

Llega un punto cuando ya no podemos luchar solas. Llega un momento cuando debemos buscar a otro hombre o mujer de Dios y procurar acuerdo, y esa conexión de pacto forma una cuerda de tres dobleces que no se rompe fácilmente (Eclesiastés 4:12), una conexión que garantiza la oración respondida. No es frecuente que nosotras, como mujeres, nos sintamos confiadas para pedir lo que necesitamos. Sin embargo, esta es una época en la que no podemos darnos el lujo de no obtener la ayuda y el apoyo que necesitamos, especialmente de parte de aquellos en posición de autoridad. Necesitamos formar alianzas entre nosotras y con hombres de Dios que sepan cómo apoyar, ser mentores y animarnos a medida que cumplimos las tareas que Dios nos asignó.

Hay poder en el acuerdo. Jesús dijo: "Si dos de vosotros se ponen de acuerdo [es decir, son del mismo criterio y están en armonía] sobre cualquier cosa que pidan [dentro de la voluntad de Dios] aquí en la tierra, les será hecho por mi Padre que está en los cielos" (Mateo 18:19, LBLA, corchetes añadidos).

Juntos somos más fuertes. Uno puede perseguir a mil, y dos hacer huir a diez mil (Deuteronomio 32:30). Los enemigos de los celos, la envidia, la codicia, la transigencia y la crítica tratan de llevarnos a un lugar de vergüenza, rechazo, depresión, ansiedad, inseguridad, amargura y desesperación. Estos enemigos llegan cada vez más lejos, aumentando la presión a medida que la batalla continúa. Aunque las Anas tienen fortaleza sobrenatural para soportar, no hay sustituto para el poder del acuerdo entre los creyentes sobre la tierra. Dios ha establecido algunos compañeros de destino, aparentemente incompatibles para las Anas, a fin de ayudarnos a sacar adelante a la semilla de la promesa y llevarla a la vista pública para servir al Señor.

Oraciones que derrotan a los celos y a la amargura

Padre, tomo la decisión de perdonar. Perdono a los que me han perseguido. El perdón está cerca, incluso en mi boca. El perdón no es un sentimiento, sino un acto espiritual. Aunque no tenga ganas de hacerlo, uso mi voluntad para perdonar. Espíritu Santo, ayúdame a liberar a esas personas celosas que me han odiado sin causa. Rindo mi derecho de tener razón. No voy a repasar mentalmente las palabras dolorosas que me dijeron. Uso el poder para perdonar con el fin de liberarme a mí misma de la atadura de vergüenza y rechazo. Libero amor para quienes me persiguen. Libero gozo y felicidad para quienes están celosos de mí. ¡Señor, haz felices a quienes me critican! Yo decreto: "Padre, perdónalos porque no saben lo que hacen" (Lucas 23:34).

Declaraciones y decretos para vencer los celos y la amargura

Ato todo espíritu demoniaco que la gente celosa liberó en mi contra.

Rompo la asignación de los espíritus que vienen para acosarme y burlarse de mí, en el nombre de Jesús.

Me desligo del temor y la ansiedad.

Decreto que toda palabra negativa pronunciada en mi contra cae a tierra y muere.

No me deprimiré, sino que andaré en el gozo del Señor. Yo decreto que el gozo del Señor es mi fortaleza (Nehemías 8:10).

No seré deprimida ni oprimida por las fuerzas demo-
niacas liberadas por la gente ignorante y negativa. No
me vengaré, pues la venganza es del Señor y Él pagará
(Hebreos 10:30).

"El enojo reposa en el seno de los necios" (Eclesiastés 7:9).
Soy una mujer sabia, y no me enojaré.

Limpia mi corazón de la corrupción. No permitiré que la
comunicación maligna corrompa mis buenos modales.

Señor, tú eres el que quebranta a mis adversarios. Señor,
trata con mis adversarios como mejor te parezca. Te
pido que desde los cielos hagas tronar sobre ellos. Tú
juzgarás los confines de la tierra y le darás fortaleza y
ensalzarás el poder de tu ungida (1 Samuel 2:10).

Declaraciones y decretos sobre no transigir

Mantener la fe es como una competencia. Haz todo lo
posible por ganar la carrera y obtener la vida eterna.
Dios te llamó para tener esa vida cuando declaraste la
gran verdad de tu fe ante mucha gente.

—1 Timoteo 6:12, PDT

No me conformaré con menos de lo que Dios prometió
para mi vida.

Lucharé la buena batalla de la fe y me aferraré a todo lo
prometido (1 Timoteo 6:12).

No renunciaré a mi sueños o visiones.

Procuraré, superaré y recobraré todo lo prometido para
mí.

No habrá división en mi corazón sobre lo que me has prometido.

Te buscaré con todo mi corazón y encontraré todo lo que has prometido.

Juro mi lealtad a tu Palabra, Jesús. Encontrarás fe en mi corazón.

Me desligo de la duda y la incredulidad.

Me desligo de las opiniones de los demás.

Creo que Dios, "recompensa a los que le buscan con sinceridad" (Hebreos 11:6, NTV)

Capítulo 6

MÁS QUE VENCEDORA

Ana oró y dijo: Mi corazón se regocija en el Señor, mi fortaleza (fuerza) en el Señor se exalta; mi boca sin temor habla [con valentía] contra mis enemigos, por cuanto me regocijo en tu salvación. No hay santo como el Señor; en verdad, no hay otro fuera de ti, ni hay roca como nuestro Dios.

—1 Samuel 2:1-2, LBLA, corchetes añadidos

SABER QUE DIOS es nuestro libertador y nuestra roca, que Él es nuestra salvación, que Él pelea por nosotras, y que Él está con nosotras nos libera para luchar mucho más por un avance en los lugares donde somos estériles. Admitir que nuestro Dios invencible está de nuestro lado, sostiene nuestra esperanza y confianza durante las épocas sin fruto. Ese Dios gana toda batalla en la que se involucra nos llenará de fuerza y confianza y que nosotras también somos más que vencedoras con Él de nuestro lado.

Si alguna vez ha tenido que soportar una tarea difícil, un proyecto de largo plazo en el trabajo o en su negocio, o una época desafiante de cualquier tipo, entonces, conoce el valor de tener un amigo especial, un compañero de trabajo, de equipo o un ser amado que está con usted durante los altibajos, orando con usted, trabajando a su lado, haciéndola reír, manteniéndola animada y recordándole lo positivo de los resultados finales. De alguna manera, la presencia de alguien que tiene el mismo nivel o uno más alto de fortaleza recarga su fe y le da la resistencia que necesita para completar la tarea y salir avante a través de las épocas difíciles.

La Biblia dice que Dios es el compañero principal en momentos como este. Él es nuestro pronto auxilio (Salmo 46:1). Sabemos que cuando Dios está con nosotras, no tenemos nada que temer (Salmo 23:4). Cuando Dios está de nuestro lado, ¿qué nos puede hacer el hombre (Salmo 118:6)? Mayor es el que está en nosotras que el que está en el mundo (1 Juan 4:4). El Señor de los ejércitos celestiales vence a todos sus enemigos; por lo tanto, nosotras ganamos cuando Él está de nuestro lado.

Debemos tener una imagen de esto: Dios es nuestro defensor, Dios es nuestro libertador, el que pelea y gana nuestras batallas. ¡Él es el guerrero invencible que está de *su* lado! Esta es una revelación que podemos tener como las Anas de esta época. Tenemos la oportunidad única de acceder a lo que Ana aprendió justo donde estamos. Podemos conocer a Dios como nuestro libertador y defensor mientras se libra la batalla para darnos la fuerza que necesitamos para mantenernos hasta ver el cumplimiento de las promesas de Dios.

Quédese quieta y vea la salvación del Señor

Escucho al Señor diciéndole: "querida Ana, no importa lo que estés viendo ahora, estos días son de avance inusual, tremendo y sin precedentes". El Señor la está llamando para ir a un nivel más alto de expectativa. Él quiere que usted tenga una fe inamovible y que Él le entregará la semilla por la que ha estado clamando. Nacerá. Cobrará vida. A través de sus lágrimas, Dios quiere que ponga sus ojos en la fidelidad de Él para librarla y sacarla de las épocas de esterilidad, improductividad, infertilidad y carencia. No importa lo que parezca en la superficie, no importan las burlas de sus enemigos y no importan los intentos de sus seres queridos que tratan de que se conforme y ceda, Dios le dice que se mantenga firme. Usted es más que vencedora. Todo lo que necesita hacer es estar en una posición donde pueda ver la salvación del Señor. Segunda Crónicas 20:1-2, dice:

> Pasadas estas cosas, aconteció que los hijos de Moab y de Amón, y con ellos otros de los amonitas, vinieron contra Josafat a la guerra. Y acudieron algunos y dieron aviso a Josafat, diciendo: Contra ti viene una gran multitud del otro lado del mar, y de Siria; y he aquí están en Hazezon-tamar, que es En-gadi.
>
> —2 Crónicas 20:1-2

El diablo siempre trata de reunir personas en contra de su destino. Lo hemos visto en la historia de Ana: Penina, Elcana (esposo de Ana), e incluso el sacerdote Elí tenía una forma de desafiar la fe de Ana en la promesa de Dios. Usted sabe a quiénes ha resaltado el Señor en su vida como las personas que podrían no tener el entendimiento correcto de su propósito. Algunos simplemente no lo entienden. Otros piensan que está loca. Y otros más, simplemente están celosos.

Entienda que Dios es un estratega magistral. Él siempre tiene una estrategia. Y yo creo que a Dios le encanta lucirse. A Dios le gusta demostrar su gloria. Él no quiere esconder nada. Creo que Dios se está preparando para lucirla a usted y mostrarse a sí mismo fuerte en su vida.

Quizá haya sentido como si todos pueden ver su fracaso. Todos pueden ver que usted aún espera en Dios después de todos estos años a oración aparentemente no contestada. Al igual que Ana, su época de esterilidad es obvia. Su vida no está mostrando ningún fruto en un área en particular. A diario, usted lucha contra la autocompasión, la vergüenza y la falta de mérito. Sin embargo, en estos días Dios está destruyendo ese espíritu de autocompasión y vergüenza y devolviendo el incremento y la multiplicación a su vida. Él está haciéndola ver a los enemigos de su alma, y la está llevando a un lugar donde usted sabrá cómo prepararse para buscar al Señor primero. Tenemos que ver a Jesús, el autor y consumador de la fe. Segunda Crónicas 20:2 habla de una gran multitud que se aglomeraba contra el pueblo de Dios. No me importa lo que parece, y no me importa cuán grande sea el ejército; Jesús siempre es la respuesta. Dios tiene un plan para su victoria.

Veamos 2 Crónicas 20, que nos da un plan de batalla de diez pasos para derrotar a los enemigos que se reúnen contra la unción de Ana. Hace algún tiempo, Dios me subrayó este capítulo en la Biblia, y creo que nos da uno de los mejores modelos para la victoria y nos dice cómo mantener la fe y la confianza en Dios mientras soportamos hasta que venga la liberación.

1. Tema al Señor; proclame un ayuno

> Entonces él tuvo temor; y Josafat humilló su rostro para consultar a Jehová, e hizo pregonar ayuno a todo Judá.
>
> —2 Crónicas 20:3

Este temor que sentía Josafat no era el que nosotras asumimos normalmente que uno siente cuando los enemigos empiezan a formarse. Josafat estaba respondiéndole al espíritu del temor del Señor. Él sabía que solo Dios podía impedir que ese gran ejército lo atacara, así que se dispuso a buscar al Señor proclamando un ayuno.

Aunque esto no está enfáticamente escrito en la historia de Ana, me gusta pensar que el tiempo cuando ella no podía comer y se apartó de la mesa era como un ayuno para ella. La Biblia dice: "Ana lloraba, y no comía" (1 Samuel 1:7).

Esta es la época cuando las Anas tienen que ayunar, orar y buscar al Señor. No me importa cuán grande sea el problema.

Cuando llevamos todo ante Dios —sin importar lo que sucede en nuestra vida— ayunar nos ayudará a ver que nada es más grande que Dios. Ayunar agranda nuestra imagen de Dios y aumenta nuestra capacidad de escucharlo y de ser sumisas y obedientes a Él.

La Biblia no dice cuánto tiempo pasó Ana sin comer, pero hay registros de ayunos, que Dios guio a hombres y mujeres a emprender, con una duración de tres, diez, veintiún y cuarenta días. Cuánto tiempo ayune no es tan importante como su compromiso ante Dios de que usted someterá su carne al señorío de Él. La duración de su ayuno no es tan importante como llegar a la revelación en la profundidad de su alma de que Dios es más grande.

Ayunar podría ser algo nuevo para usted, al igual que las dificultades en esta época de esterilidad no se parecen a nada que usted haya enfrentado. Es posible que no necesite comprometerse a un ayuno de cuarenta días. Ore. Pregúntele a Dios. Que su Espíritu la guía. Fue el Espíritu de Dios quien llevó a Jesús al desierto donde Él ayunó y oró durante cuarenta días. Dios también envió ángeles a ministrarlo cuando Él estaba más débil (Marcos 1:12-13).

Este podría ser su momento de ayunar. Quizá usted solo necesite ayunar por un día, solo veinticuatro horas para apartar un tiempo a fin de que pueda llegar al lugar adecuado para recibir de Dios. La humildad es el lugar o posición en la que quiere estar para que la gracia de Dios la posea. La Biblia dice que Dios da gracia al humilde (Santiago 4:6). El ayuno humilla su alma. Pone a su carne en la batalla para que cualquier cosa que tenga en su vida que no se parezca a Dios se incline. Hablamos antes de esas pequeñas zorras en el capítulo 4. Así que, apártese de la mesa, apague el televisor, cierre los medios sociales y vaya a un lugar tranquilo y modesto ante Dios para que pueda escuchar sus instrucciones para la batalla en que se encuentra.

2. Acuérdese de quién es Dios y recuérdele sus promesas

> Entonces Josafat se puso en pie en la asamblea de Judá
> y de Jerusalén, en la casa de Jehová, delante del atrio
> nuevo; y dijo: Jehová Dios de nuestros padres, ¿no eres
> tú Dios en los cielos, y tienes dominio sobre todos los
> reinos de las naciones? ¿No está en tu mano tal fuerza
> y poder, que no hay quien te resista? Dios nuestro, ¿no
> echaste tú los moradores de esta tierra delante de tu
> pueblo Israel, y la diste a la descendencia de Abraham
> tu amigo para siempre?
>
> —2 Crónicas 20:5-7

Tiene que recordarse a sí misma de quién es Dios. Nuestro mundo está lleno de distracciones, pero tenemos que centrar nuestra atención en Dios y estudiar y conocer al Señor. Su estándar son tiempos y épocas, cuando el enemigo la ataca como un torrente, debe ser ese Dios, el Dios de los cielos y la tierra, quien fue y es y ha de venir, el que pelee por usted y gane.

Una vez que usted se recuerda así misma de quien es Dios, recuérdele a Dios de las promesas que le hizo. Josafat le recordó a Dios sus promesas. Él declaró ante el pueblo y dijo quien es Dios. Esto no es solo nombrarlo y reclamarlo, o decirlo y tomarlo. Estos son los días para proclamar el nombre del Señor, incluso en su época de invierno, y para recordar quien es Dios. Cuando lo hace, lo magnifica a Él por encima de su situación.

Dios está por poner una gloria nueva en alabanza porque la alabanza es la voz de la fe. Cuando usted alaba a Dios, declara que lo conoce, que confía y cree en Él. Cuando no puede alabar a Dios, se debe a que usted no lo conoce y su fe está tambaleando. Si tiene problemas para levantar alabanza a Dios en medio de su esterilidad, creo que Dios va a sanar su fe. Él va a llevar su fe a un nivel nuevo. Yo profetizo que el don de la fe está siendo entregado en esta hora y que Dios hará que en su boca haya grandes alabanzas y una espada de dos filos en su mano, para ejecutar la venganza que está escrita (Salmo 149:6-7).

3. Permita que su guerrera interna surja para escuchar la estrategia de Dios

> Y ellos han habitado en ella, y te han edificado en ella santuario a tu nombre, diciendo: Si mal viniere sobre nosotros, o espada de castigo, o pestilencia, o hambre, nos presentaremos delante de esta casa, y delante de ti (porque tu nombre está en esta casa), y a causa de nuestras tribulaciones clamaremos a ti, y tú nos oirás y salvarás.
>
> —2 Crónicas 20:8-9

Cuando llegue a entender las estrategias del Señor para usted en esta época, la desafío a despertar y a hablarle a la guerrera que está en su interior. Deje a esa guerrera entender que lo que el enemigo esté diciendo en su contra, no funcionará. La Biblia dice que no ignoremos las maquinaciones del enemigo (2 Corintios 2:11). Usted debe tener un nivel de discernimiento y saber cuándo le está apuntando el diablo. Si ha andado con Dios por algún tiempo, entonces podría estar llegando a un lugar donde entiende cómo funciona el ámbito espiritual. Usted ya sabe que cuando está preparada para avanzar en algo, el diablo empieza a decirle: "No va a funcionar. No avanzarás. Esta vez, Dios no te va a ayudar. No pierdas tu tiempo orando, ayunando, alabando y adorando. Es demasiado tarde para ti. Tu tiempo ya pasó. Nadie quiere escuchar tu voz".

Me gusta dar un paso atrás cuando el diablo me habla. Podría dejarlo hablar durante un día porque debo escuchar lo que está diciendo y discernir qué es lo que viene en mi contra. Sin embargo, una vez que recibo la revelación del arma que está enviando, clamo al Señor porque Él me escucha y salva.

Escucho para recibir la estrategia del Señor y busco en el arsenal de armas que Él me dio, y voy a la guerra. Usted debe hacer lo mismo. El Señor le dará una revelación de cómo quiere que usted enfrente a sus enemigos. No se asuste. Él ha entrenado sus manos para la guerra. El salmista lo dice así:

El adiestra mis manos para la batalla, y mis brazos para tensar el arco de bronce. Tú me has dado también el escudo de tu salvación; tu diestra me sostiene, y tu benevolencia [tu respuesta llena de gracia cuando oro] me engrandece. Ensanchas mis pasos debajo de mí, y mis pies no han resbalado. Perseguí a mis enemigos y los alcancé; y no me volví hasta acabarlos. Los destrocé y no pudieron levantarse; cayeron [heridos] debajo de mis pies. Pues tú me has ceñido con fuerza para la batalla; has subyugado debajo de mí a los que contra mí se levantaron.

—Salmo 18:34-39, LBLA, corchetes añadidos

Permita que el espíritu de este pasaje surja en su interior en esta época. Llame adelante a la guerrera, vea a su enemigo valientemente a los ojos, y diga: "¿Estás tratando de seducirme, diablo? ¿Estás enojado porque es mi tiempo? ¿Estás tratando de convencerme para decir que no hay nada para mí? Bueno, tiene que haber algo para mí, porque si no fuera así, tú no estarías hablando". Hágale saber que usted tiene una fe inamovible y que sabe que va a funcionar porque Dios es fiel para completar la obra que empezó en usted (Filipenses 1:6).

4. Clame por justicia y espere el juicio de Dios

¡Oh Dios nuestro! ¿no los juzgarás tú? Porque en nosotros no hay fuerza contra tan grande multitud que viene contra nosotros; no sabemos qué hacer, y a ti volvemos nuestros ojos.

—2 Crónicas 20:12

Dios va a juzgar a los enemigos de su alma, aquellos que la han atacado. Para decirlo claramente, estoy hablando de los demonios y diablos, no de la gente. Recuerde: Porque no tenemos lucha contra sangre y carne, sino contra principados, contra potestades, contra los gobernadores de las tinieblas" en los lugares celestiales (Efesios 6:12). Al final, no se trata de la gente, y ni siquiera se trata de usted; sino del llamado de Dios que está en su interior. Se trata de la tarea en su vida. El diablo está tratando de detenerla liberando una multitud malvada, invisible en su contra: espíritus de celos, rechazo, transigencia, juicio o crítica, vergüenza, orgullo y venganza.

Sin embargo, estos son los días cuando usted verá la justicia de Dios. Él se está preparando para juzgar a sus enemigos. Él dice: "La justicia se prepara para correr como un río en tu vida". (Vea Amós 5:24). Pero el problema es que muchas de nosotras no clamamos por justicia. Justicia es "el mantenimiento o administración de lo que es justo [o correcto] especialmente por el ajuste imparcial de reclamos opuestos o la asignación de recompensas o castigos merecidos".[1] Observe la parte que dice "ajuste imparcial de reclamos opuestos". Esto significa que Dios va a ver los reclamos que llevaron en contra suya. Él va a escuchar sus peticiones por liberación y protección de sus enemigos, y va a juzgar lo que por derecho le corresponde a usted. Y ya que usted está en Él, todo lo que él tiene le pertenece a usted. Así que si el enemigo va toma su fruto, si vino buscando su empuje y motivación, si vino tras sus sueños, sus bendiciones, sus oportunidades y su provisión, Dios se va a asegurar de que usted reciba de vuelta lo que se le debe. No solo eso, también va a asignar una recompensa o castigo a las partes litigantes según lo que merecen. Ya que usted está cubierta por la sangre de Jesús, todo lo que Dios ve es que usted está en lo correcto; todo lo que ve es su favor, gracia y justicia sobre su vida. Él mira a sus enemigos, y Él ya ha determinado su fin. Usted debe usar sus armas espirituales en esta hora. Cuando viene ante el Señor buscando su justicia, usted le está pidiendo que haga un juicio contra sus enemigos de una vez por todas. Cuando Él lo hace, libera la unción de rompimiento para libertarla a usted de las ataduras y el tormento de ellos. Con esta revelación usted puede declarar el día del avance y la justicia.

5. Libere al espíritu de alabanza, adoración y gloria antes de la victoria

> Y todo Judá estaba en pie delante de Jehová, con sus niños y sus mujeres y sus hijos. Y estaba allí Jahaziel hijo de Zacarías, hijo de Benaía, hijo de Jeiel, hijo de Matanías, levita de los hijos de Asaf, sobre el cual vino el Espíritu de Jehová en medio de la reunión;
>
> —2 Crónicas 20:13-14

Mire lo que sucedió: Dios estaba tratando de restaurar un principio en su casa y entre su pueblo. Él quería liberar el espíritu de alabanza, adoración y gloria. Cuando la gente se presentó ante Dios, el Espíritu del Señor bajó. Vemos aquí que un levita de Asaf proclamaba la palabra de Dios. Estos son los días cuando debemos volver a alabar y adorar. El intercambio de dos vías entre Dios y nosotras siempre incluirá alabanza y adoración. No es solo para las reuniones semanales en la iglesia. Dios está buscando Anas que lo adoren a solas, incluso si otros la malinterpretan. Él busca Anas que se levanten de la mesa, vayan a presentarse ante el Señor y mediten en quien Él es. Debemos posicionarnos para adorar a Dios porque la adoración abre el portal de comunicación entre nosotras y el cielo de manera que podamos escuchar la voz del Señor.

6. No tema ni se desanime

> Jehová os dice así: No temáis ni os amedrentéis delante
> de esta multitud.
>
> —2 Crónicas 20:15

Sabemos que tener miedo se trata del temor. Pero desmayar es cuando uno pierde el valor y toda esperanza. Dios dice: "No temas". He estado meditando en esto. El diablo es como un león rugiente. Él siempre ruge; siempre está diciendo algo. Pero Dios dice que no temamos ni desmayemos. En Josué 1:9, Él dice: "Mira que te mando que te esfuerces y seas valiente; no temas ni desmayes, porque Jehová tu Dios estará contigo en dondequiera que vayas". El diablo puede rugir todo lo que quiera, pero no tenemos razón para temer porque el Señor siempre está con nosotras; Él nunca nos deja ni nos abandona (Deuteronomio 31:6). Él silenciará al enemigo (Salmo 8:2). Él nos ama con amor perfecto y el amor perfecto echa fuera el temor (1 Juan 4:18).

7. Tome su posición y permanezca quieta

> Jehová os dice así: No temáis ni os amedrentéis delante de esta multitud tan grande, porque no es vuestra la guerra, sino de Dios. Mañana descenderéis contra ellos; he aquí que ellos subirán... No habrá para qué peleéis vosotros en este caso; paraos, estad quietos, y ved la salvación de Jehová con vosotros. Oh Judá y Jerusalén, no temáis ni desmayéis; salid mañana contra ellos, porque Jehová estará con vosotros.
>
> —2 Crónicas 20:15-17

Nos encanta la canción que dice que la batalla no es nuestra sino de Dios, pero quiero que la veamos de nuevo. Yo no quiero que usted escuche en el espíritu solo lo que está acostumbrada a escuchar o cantar. Deje que sus ojos, oídos y corazón se abran en este momento. Como profeta de Dios, le digo que hay algunas cosas por las que no tendrá que pelear. Usted tomará su posición como si estuviera preparándose para atacar, pero Dios dice: "Solo permanece quieta". Eso no se parece mucho al comportamiento de una guerrera. Lo sé porque yo también soy guerrera. Yo sé cómo tomar lo que necesita ser tomado. Sé cómo atar, desligar y lanzar aceite ungido. Sé cómo poner vaselina en mi cara, como lo hacen los boxeadores, recogerme el cabello, quitarme los zarcillos y enfrentar a alguien. Pero ¿qué hay de esas veces cuando el Señor dice: "Cálmate. No quiero que hagas eso esta vez"? Cuando buscamos al Señor, sabemos cuándo es tiempo de estar firme y ver a Dios pelear la batalla por nosotras.

8. Crea en Dios

> Se levantaron muy de mañana y salieron al desierto de Tecoa; y cuando salían, Josafat se puso en pie y dijo: Oídme, Judá y habitantes de Jerusalén, confiad en el Señor vuestro Dios, y estaréis seguros (establecidos). Confiad en sus profetas y triunfaréis.
>
> —2 Crónicas 20:20, LBLA, paréntesis añadido

A veces, nuestro oído se vuelve sordo después de escuchar las mismas promesas una y otra vez. A veces, perdemos esa frescura de conocimiento y revelación que tuvimos cuando leímos o escuchamos la Palabra de Dios por primera vez. La leemos, la escuchamos, y la repetimos en voz alta junto con el pastor en la iglesia, pero no penetra en nuestro espíritu. Sin embargo, tal como Josafat le dijo al pueblo de Israel, nosotras también necesitamos creerle a Dios. Sí, usted la ha escuchado antes, pero no tome ese mandato a la ligera. En las épocas de infertilidad, cuando parece como si oramos y oramos sin una manifestación tangible, el diablo se esfuerza para atacar nuestra fe porque él sabe que esa es la clave para nuestra victoria.

Por fe, vamos a entrar en la tierra buena, una tierra de promesa y cumplimiento, sin importar lo que hayamos enfrentado, sin importar qué cosas parecían como en el pasado o cuán infranqueable parece la situación. Como profetisa del Señor, vengo a decirle: créale a Dios que usted andará en victoria y en la plenitud de sus promesas.

Oro por un espíritu de revelación nuevo que venga a su vida en lo que se refiere a escuchar la palabra del Señor. Reprendo toda sordera. Que la que tenga oídos, oiga lo que el Señor está diciendo: "Cree en mí y cree en lo que digo acerca de tu destino".

Usted escuchará con claridad. Ordéneles a esas voces de duda, inseguridad, derrota, fracaso, burla y tormento que se callen en el nombre de Jesús. Que el Espíritu de Dios venga y abra las vías auditivas espirituales para que usted escuche la palabra del Señor para su vida. Las voces que proclaman cáncer, diabetes, infertilidad, ansiedad, estrés y depresión serán calladas. Crea en Dios por integridad y salud. Él es el sanador. Él juzgará a estos enemigos y la libertará. La Biblia dice que toda lengua que se levante contra usted será condenada (Isaías 54:17). Crea en el Señor su Dios, y será establecida y estará segura. Créales a los profetas del Señor, y usted triunfará.

9. Adore de nuevo

Ahora escuche esto: la voz de la fe suena como alabanza.

Y habido consejo con el pueblo, puso a algunos que cantasen y alabasen a Jehová, vestidos de ornamentos sagrados, mientras salía la gente armada, y que dijesen: Glorificad a Jehová, porque su misericordia es para siempre. Y cuando comenzaron a entonar cantos de alabanza, Jehová puso contra los hijos de Amón, de

Moab y del monte de Seir, las emboscadas de ellos mismos que venían contra Judá, y se mataron los unos a los otros.

—2 Crónicas 20:21-22

Debido a que el pueblo escuchó la palabra de Dios y le creyó al Dios que les habló, ellos pudieron ver a sus enemigos de frente y, aun así, levantar una voz de alabanza. La batalla ni siquiera había empezado. Los enemigos todavía se estaban reuniendo. Pero Josafat designó que los adoradores fueran adelante del ejército para cantar alabanzas de gratitud al Señor por lo que aún no había sucedido en lo natural. Ellos pudieron alabar a Dios anticipadamente porque creyeron en Él. Cuando empezaron a cantar y a alabar al Señor, Él colocó emboscadas contra el pueblo de Amón.

La alabanza es la voz de la fe. Cuando le creemos verdaderamente a Dios, tenemos al invicto en nuestra esquina. Cuando le creemos a Dios, tenemos la victoria antes de que empiece la batalla. Alabar es la reacción correspondiente a la fe. Así que si usted no está alabando, no tiene fe. Alabe al Señor, ¡pues su misericordia dura para siempre! Algunas de nosotras nos distraemos tanto por las Peninas, Elacanas y Elíes en nuestra vida que no podemos escuchar a Dios para creer lo que Él dice de nosotras y de nuestra situación. Luego, cuando entramos al santuario, al lugar de la alabanza y la adoración, apenas abrimos nuestra boca o levantamos nuestras manos. No permita que Penina robe su alabanza.

Escuche, esto no es difícil. Esto se trata de una fe sencilla, como la de un niño. La fe como la de un niño confía en la palabra de Dios y cree que es Él y que es un galardonador. La fe como la de un niño hace que alabemos a Dios anticipadamente. La fe como la de un niño pone a Dios en camino para que coloque emboscadas contra todos sus enemigos.

Permítame compartirle lo que me mostró el Señor. Mientras oraba por una revelación nueva de lo que Dios quiere que sepamos sobre este versículo en 2 Crónicas, yo seguía viendo todos estos ángeles. Cada vez que veía un ángel, el Señor decía: "Tu alabanza distribuye ángeles". Luego, Él me mostró que así es como se colocan emboscadas contra sus enemigos: los ángeles asignados para ministrar a los hijos de Dios colocan la emboscadas. Los ángeles son guerreros en el ámbito espiritual. Los ángeles responden cuando las Anas alaban y oran. Voy a discutir más esto en el siguiente capítulo, pero quiero incluirlo aquí para que pueda entender los recursos celestiales a su disposición. Cuando abre su boca y alaba al Señor, los ángeles empiezan a moverse en favor suyo. Cuando alaba y magnifica al Señor, Dios envía una nueva compañía de ángeles. Él dice: "Estos son los ángeles de mi presencia. Estos son los ángeles de tu destino. Estos son los ángeles para tu misión".

El Señor me mostró que hay ciertos ángeles que se mueven con usted. Luego, están aquellos que serán designados para ayudarle en su misión específica. Por eso, es muy importante que sepa quien es usted, qué fue llamada a hacer y el propósito de Dios para el fruto que producirá. Quizá aún esté tratando de escuchar lo que Dios está diciendo respecto a la semilla que Él quiere darle. Quizá todavía esté luchando contra las otras voces enviadas para distraerla; entonces, le cuesta escuchar la voz del Señor. Y no puede alabar todavía. Dios le dice: "Estoy abriendo tus oídos para escuchar. Voy a darte misiones nuevas. Voy a abrir nuevas puertas. Cuando te sintonices para escuchar mi voz y silenciar las otras, yo liberaré alabanza por lo que sabes que haré por ti. Voy a colocar emboscadas contra tus enemigos".

Puedo verlo muy claramente para las Anas de Dios en esta hora. Tal como fue con Pablo y Silas, cuando usted alaba y ora, los ángeles van a abrir las puertas de la prisión a puntapiés. Las bisagras van a salir volando de las puertas de oportunidad cuando usted alabe. Cuando diga: "El Señor es bueno, y su misericordia dura eternamente" los ángeles serán despachados, se colocarán las emboscadas y el enemigo será derrotado. No quedará rastro. Usted no tendrá que estar viendo para atrás.

Y luego que vino Judá a la torre del desierto, miraron hacia la multitud, y he aquí yacían ellos en tierra muertos, pues ninguno había escapado.

—2 Crónicas 20:24

10. Recoja el botín

Al llegar Josafat y su pueblo para recoger el botín, hallaron mucho entre ellos, incluyendo mercaderías, vestidos y objetos preciosos que tomaron para sí, más de lo que podían llevar. Y estuvieron tres días recogiendo el botín, pues había mucho.

—2 Crónicas 20:25, lbla

El ganador recibe el botín. Dios está resaltando este pasaje en esta época para decirnos que nos preparemos para una gran transferencia de riqueza. Su Palabra dice: "La riqueza del pecador está guardada para el justo" (Proverbios 13:22), pero estoy creyendo que ya no será guardada. Creo que Dios está preparándose para transferirle la riqueza, la abundancia y el fruto. Sin embargo, usted tiene que ir a recogerla.

Aunque ahora podría no ver todo el panorama, las Anas de la era moderna van a entrar a una época de tanta riqueza y abundancia que no podrán sostenerlas solas. Tenemos familias, casas, edificios de oficinas y ciudades. Tenemos personas para enviar a la escuela. Tenemos caridades para fundar y desarrollar. Dios nos bendecirá con más que lo que podemos llevar para que podamos sembrar nuestra semilla en la tierra y hacer un gran impacto del reino. Esta es la naturaleza de nuestra predecesora, Ana.

Ana clamaba a Dios año tras año por un hijo, pero la Biblia dice que tuvo seis hijos en total (1 Samuel 2:21). Con la victoria de Ana llegaron más niños de los que ella podía manejar. Tenemos que pensar en grande y romper esa mentalidad "pequeña". Con lo que Dios nos bendice de las manos de los malvados, nos va a tomar un tiempo recogerlo. Dios va a darnos una bendición de tres días. Recogerla toda nos llevará tres días en el espíritu. Estos son tres días de una gran transferencia de riqueza. Dios va a derrotar a nuestros enemigos y a ponerlos a nuestros pies con todo lo que ha sido preparado para nosotras. Todo lo que tenemos que hacer es recogerlo.

Su Valle de Beraca

Y al cuarto día se juntaron en el valle de Beraca; porque allí bendijeron a Jehová...volvieron para regresar a Jerusalén gozosos, porque Jehová les había dado gozo librándolos de sus enemigos. Y el reino de Josafat tuvo paz, porque su Dios le dio paz por todas partes.

—2 Crónicas 20:26-27, 30

Beraca es un lugar físico con un significado espiritual. La palabra significa bendición, prosperidad, alabanza de Dios o tratado de paz.[2] Beraca es un lugar de prosperidad y longevidad. Significa ser dotado de poder, prosperidad y longevidad para triunfar.[3] Dios la está llevando a su Valle de Beraca, donde se le dotará de poder para longevidad, triunfo y prosperidad. Beraca también significa ser dotado con poder para producir una prole abundante. Antes, hablamos de cómo Dios la ha escogido para llevar fruto que permanezca. ¿Ve la conexión aquí? Su bendición, su avance y su victoria no vendrán en un minuto para desaparecer al siguiente. Lo que Dios le está dando durará. Permanecerá.

Esto y mucho más puede ser liberado cuando entendemos que la alabanza es una de nuestras armas más poderosas. En esta época en la que se encuentra, el enemigo ha tratado de quitar la alabanza de su boca. Él quiere callarla. Todos estos años, usted ha estado sirviendo al Señor, presentando su petición ante Él, clamando y manteniendo la esperanza. Estoy aquí para declararle que hoy es el día del avance. Usted vencerá a sus enemigos. Con Dios de su lado, la pelea está arreglada. Usted gana, y el ganador se lo lleva todo.

Creo que para las Anas de la era moderna, esta próxima época de bendición y cumplimiento es también un tiempo de justificación y justicia. Dios dice: "Mi justicia se está preparando para fluir como un río en tu vida". No importa por lo que esté pasando, Dios quiere que permanezca quieta y vea la salvación del Señor. La victoria está cerca, y el botín le pertenece a usted.

Oración para el Valle de Beraca

Señor, te agradezco por llevarme al Valle de Beraca: el lugar de bendición, de producción y avance. Declaro que esta es mi época de justificación y recompensa. El Señor me bendecirá con triunfo y longevidad. El Señor se mostrará fuerte por mí. ¡Permaneceré quieta y veré la salvación del Señor! Señor, revélate como mi defensor. Te agradezco por pelear por mí. Tú eres mi refugio y mi fortaleza. Tú eres mi pronto auxilio en la tribulación. Te doy gloria y alabanza. Levanto mi voz con gritos de alabanza y victoria. Padre, te pido que reveles tu poder en una escala nunca vista. Levántate, oh Señor, y demuestra tu poder. Levántate, oh Señor, y permite que el enemigo sea dispersado. Desde el amanecer hasta el anochecer, sea alabado tu nombre.

Capítulo 7

AYUDA PROVENIENTE DEL SANTUARIO — FORTALEZA QUE VIENE DE SION

Que el Señor te responda (David) en el día de la angustia. Que el nombre del Dios de Jacob te ponga en alto [y te defienda en la batalla]. Que desde el santuario [el lugar donde habita] te envíe ayuda, y desde Sion te sostenga. Que se acuerde de todas tus ofrendas, y halle aceptable tu holocausto. Selah. Que te conceda el deseo de tu corazón, y cumpla todos tus anhelos.

—Salmo 20:1-4, LBLA, corchetes añadidos

EL SANTUARIO, O el templo del Señor, tiene un lugar especial en la historia de Ana. Era el lugar donde se refugiaba de las burlas de su rival, Penina. Era donde ella oraba, alababa, se sometía al tiempo de Dios, donde encontró a su compañero de destino en el sacerdote Elí, y recibió restauración total de la gracia y el favor que fue la esencia de su identidad. El santuario era el lugar de su fortaleza, ánimo y realineación. Era el lugar de su avance.

Yo creo que en esta época, las Anas de la era moderna experimentarán el significado del santuario y de Sion, (la ciudad de Dios, donde está el santuario) en una forma totalmente nueva.

No solo encontraremos un refugio del enemigo, la comunión con Dios y un lugar para alabar y adorar, sino que será un lugar desde donde Dios despachará nuestra ayuda sobrenatural en forma de ángeles, enviará una unción aumentada y acercará su mano para liberarnos de las manos de nuestros enemigos.

Antes de entrar en la ayuda que viene del santuario de Dios, quiero señalar una cosa para las Anas a quienes su lucha las hace atravesar vergüenza y condenación creyendo la mentira del enemigo de que ellas no son lo suficientemente dignas para que Dios se esfuerce desde el cielo en venir para defenderlas y bendecirlas: en el Salmo 20:1, el salmista recurrió "al Dios de Jacob" no "al Dios de Israel", como uno esperaría.

Si recuerda, Jacob luchó con el ángel del Señor, y su nombre fue cambiado a Israel (Génesis 32:28). Entonces, ¿por qué el salmista no apeló al Dios de Israel? Jacob robó la primogenitura de su hermano. Jacob cometió errores y provenía de una familia disfuncional. Sin embargo, adivine qué aun así, Dios defendió a Jacob. Los ángeles fueron enviados del cielo para ayudar a Jacob y llevarle la revelación del plan de Dios para su vida. Si usted lee todo el relato en Génesis 32, verá cómo el salmista puede decir: "Que el nombre del Dios de Jacob te defienda".

Nosotras, las Anas, podríamos tender a querer ver a quien fuimos en la época pasada y tratar de encontrar justificación de por qué no estamos escuchando a Dios en nuestra época estéril. La vergüenza y la condenación podrían hacernos pensar que, debido a que no somos perfectas, Dios no nos bendice ni nos hace productivas. Pero si Dios respondió y defendió a Jacob, Él le responderá y la defenderá contra sus enemigos, sin importar qué errores haya cometido o cuán disfuncional sea su familia o lo que usted haya hecho en el pasado.

Asistencia angelical

El Salmo 20:1-2 dice: "Que el Señor te responda en el día de la angustia. Que el nombre del Dios de Jacob te ponga en alto.

Que desde el santuario te envíe ayuda, y desde Sion te sostenga". Me encanta este salmo; es uno de mis favoritos. Podría escribir todo un libro sobre la revelación que Dios me ha dado en él. Pero, por ahora, quiero traer un conocimiento sobre cómo se relaciona a su avance hacia la productividad y a vencer a los enemigos que se reúnen durante su época de esterilidad.

A medida que Dios ha ido hablándome sobre este salmo, lo escucho decir que esta es una época de ángeles, donde Él envía a los ángeles del destino y el avance; ángeles que acampan a nuestro alrededor para libertarnos (Salmo 34:7). Estos ángeles están específicamente asignados para ayudarla a trasladarse a una época de grandes manifestaciones: inusuales, sin precedentes y poco comunes de avance y manifestación en su vida. En el Salmo 20, Dios habla sobre enviarnos ayuda desde su santuario. Creo que esa ayuda es ayuda angelical.

Cada vez que Dios está listo para moverse en nuestra vida, la unción que acompaña a nuestros sueños, llamados y destinos aumenta y la actividad angelical también aumenta. Algunos han dicho que cuando uno va a nuevos niveles, encuentra nuevos demonios. La verdad es, mientras más está usted consciente de su destino y de lo que Dios está tratando de hacer que nazca en usted, más trata el enemigo de detenerlo. Pero quiero que sepa que Dios enviará ayuda desde su santuario. Él dará a los ángeles responsabilidades sobre usted (Salmo 91:11). La Biblia de Las Américas lo dice de esta manera: "Él dará órdenes a sus ángeles acerca de ti, para que te guarden [protejan y defiendan] en todos tus caminos" (corchetes añadidos).

No está sola en esto. Está en una misión de Dios. Está haciendo lo que ha sido diseñada para hacer. Dios conoce los enemigos que se levantan en su contra cuando lo sigue a Él. Así que no solo Dios está con usted, sino que, también, tiene ángeles asignados a usted. Los ángeles "son todos espíritus ministradores, enviados para servicio a favor de los que serán herederos de la salvación" (Hebreos 1:14). La palabra *ministrar* significa atender, asistir o servir.[1] Los ángeles son asistentes, guardianes y protectores (Salmo 91:11-12), proclamadores, como con el nacimiento de Cristo (Lucas 2:8-14); propagadores de revelación, como con los profetas Daniel, Isaías, Ezequiel e, incluso, el apóstol Juan; ejecutores de la voluntad divina y la justicia de Dios (Apocalipsis 12-16); e instrumentos de sanidad (Juan 5:4) y milagros (Hechos 5:19; 12:7). Los ángeles llevan a cabo estas responsabilidades necesarias para nuestro bien, para ayudarnos durante épocas que son necesarias para nuestro desarrollo mientras nos alineamos con Dios para andar en nuestro destino. Ellos nos ayudan a atravesar las barreras y trampas que el enemigo coloca para detenernos. En esta época, ore para que Dios despache a sus ministros de llamas y fuego para ayudarla, que ellos vengan y la sostengan y traigan fortaleza para usted desde Sion.

Un aumento de fortaleza y unción

Otra manera en que Dios envía ayuda es incrementando la unción en su vida. Sin importar qué fue llamada a hacer, Dios ha enviado una unción sobre usted para hacerlo. ¿Verdad que son buenas noticias? La unción rompe el yugo de la atadura en nuestra vida.

> Acontecerá en aquel tiempo que su carga será quitada de tu hombro, y su yugo de tu cerviz, y el yugo se pudrirá a causa de la unción.
>
> —Isaías 10:27

Cuando Dios le enseña y prepara su corazón para la multiplicación y el incremento, Él está aumentando la unción de Ana dentro de usted, la unción para ser firme en la oración, resiliente contra el ataque del enemigo y la fortaleza frente a la oposición.

La unción de Dios viene con un poder sobrenatural del Espíritu de Dios, fortaleza desde Sion. El idioma original en el Antiguo y Nuevo Testamento usa la palabra *unción* de una manera ligeramente diferente, pero cada significado tiene sentido. En el Nuevo Testamento, la palabra griega para *unción* se refiere a talentos o dones del Espíritu de Dios. También significa *unction*[2] una palabra que viene del latín y que no usamos en nuestro vocabulario diario fuera de la iglesia, pero que se refiere al fervor o intensidad espiritual con la que se lleva a cabo una cosa.[3] La unción es una fortaleza o fuerza especial dada por Dios.

La palabra hebrea para *unción*, que también puede traducirse como "gordura", tiene la connotación de que el yugo de la carga o la atadura se rompe, del hecho de que un buey gordo podía que quebrar y quitarse su yugo.[4] Entonces, en Isaías 10:27, es este sentido de gordura, crecimiento o riqueza que rompe el yugo. Este concepto de unción también se refiere a la tierra fructífera o fértil. A medida que crece, incrementa y se multiplica en su unción o fortaleza de Dios, usted se vuelve demasiado grande y demasiando buena como para que el yugo del enemigo rodee su vida. Usted rompe y sale de la atadura a medida que el Señor la hace crecer y fortalecerse. ¡Cuán poderoso es eso!

Podría estar sintiéndose cansada o desgastada, pero Dios está enviando su fuerza ungida desde Sion para animarla, para hacerla demasiado grande y poderosa como para que el enemigo pueda atarla. Él dice que su fortaleza se perfecciona en nuestra debilidad (2 Corintios 12:9). Así que, en esta época, deje que la fortaleza y la unción de Dios se perfeccionen en usted. Permítale que la haga abundar en la unción que Él ha llamado para usted. Sepa que aun en esta época de escasez y esterilidad aparentes, usted está creciendo y volviéndose cada vez más fuerte.

Recompensa que viene del santuario

El Señor también envía ayuda desde el santuario al recordar nuestras ofrendas y sacrificios y recompensarnos. En el Salmo 20:3 (esta es mi parte favorita) dice: "Que se acuerde de todas tus ofrendas y mire con agrado tus ofrendas quemadas" (NTV).

¿Sabía que Dios lleva buenos registros? Lo que usted haya dado, lo que haya sacrificado en el reino, Dios lo recordará y le recompensará. Él lo hizo por Ana, y lo hará por sus Anas de hoy día. Ana regresaba a su presencia año tras año. Traía ofrendas y sacrificios delante de Él. Traía su corazón, lágrimas y peticiones delante del Señor porque ella sabía quien era Dios. Ella oraba: "Oh Señor de los ejércitos, si tú te dignas mirar la aflicción de tu sierva, te acuerdas de mí y no te olvidas de tu sierva" (1 Samuel 1:11, LBLA).

El Salmo 20:3 refleja y confirma una promesa para nosotras, la semilla de Abraham. Me encanta. Tal como aquellas con la unción de Ana lo hacen, usted se ha estado levantando temprano en la mañana, buscando al Señor, regresando a su presencia un día tras otro, año tras año. Usted ha ofrecido sacrificios de alabanza y generosidad aun en su época de improductividad. Usted ha alcanzado y ha convenido con otros. Ha sembrado semillas de bondad, financieras y otras obras de caridad de las que la gente tal vez no sabe. Yo le decreto que este es el día en que Dios empezará a recordar.

Aunque Él nunca nos olvida, la Palabra dice: "Hazme recordar, entremos en juicio juntamente; habla tú para justificarte" (Isaías 43:26). Dios quiere que vengamos a Él recordándole nuestros sacrificios y sus promesas respecto a nosotras. Él quiere razonar con nosotras. Tal como Moisés, Abraham y Jacob contendieron con Dios, usted puede recordarle a Dios lo que ha sembrado y cómo ha servido; puede recordarle sus promesas, haciéndole saber específicamente qué promesas está reclamando. Añada a sus oraciones, incluso ahora, que Dios recuerde las ofrendas y sacrificios que usted hizo para el reino y sus propósitos: Dios, recuerda y no olvides a tus siervas.

Aprenda a recibir el deseo de su corazón

Hay momentos cuando podríamos sentir como si lo único que necesitamos es trabajar duro para cumplir el propósito de Dios para nuestra vida y no pedir lo que quisiéramos que Dios cumpliera para nosotras. Sin embargo, ¿sabe que Dios cumplirá los deseos de su corazón? El Salmo 20:4 dice: "Que te conceda lo que tu corazón desea; que haga que se cumplan todos tus planes" (NVI). Eso es poderoso. Hay cosas en su corazón que usted desea simplemente porque usted es usted. Dios las cumplirá. ¿Por qué? Porque Él puso el deseo en usted. Recuerde lo que dice el Señor: "Pon tu delicia en el Señor, Y Él te dará las peticiones de tu corazón" (Salmo 37:4, NBLH).

Usted ha estado orando. Ha estado en la presencia de Dios. Ha estado sembrando y sirviendo. Estas son las acciones de una mujer que pone su delicia en Dios incluso mientras espera por la medida completa de la bendición del Señor. Usted ha estado pidiéndole a Dios que la bendiga con una semilla que usted pueda fructificar y dedicarla a Él. Le ha estado preguntando al Señor qué es lo que está diseñada para hacer. ¿Cuál es el significado de la época de esterilidad? ¿Qué es lo que Él tiene para usted en este tiempo? Usted está buscando a Dios y su voluntad para su vida. Usted es una que se deleita en el Señor.

¿Desea un hogar propio, que un ser querido sea salvo o plantar una iglesia? Mientras su deseo sea santo, Dios lo concederá. No debe conformarse o reducir el tamaño de su deseo. Yo destruyo al espíritu del conformismo.

Purifique sus motivos

El cielo o el infierno pueden estar en sus deseos; es cierto. Ana atravesó un proceso de búsqueda y oración y alineamiento, y luego, su deseo se alineó con la santidad de Dios. Ella había estado entrando a la presencia de Dios, su templo, año tras año antes de ofrecer a Dios lo que más deseaba. Así es cuando sabemos que nuestros deseos son los deseos del Señor. Así que yo decreto, en este momento, ya que creo que Dios quiere darnos los deseos de nuestro corazón, que todo deseo impío muera. Ore esto conmigo, Ana:

Que todo deseo impío y toda lujuria de la carne sean
destruidos en el nombre de Jesús. Que mueran. Crea
en mí un corazón limpio y renueva un espíritu rec-
to dentro de mí, oh Dios. Debido a que estoy sana-
da y libre, yo solamente puedo tener deseos piadosos.
Señor, estoy orando que en esta época de recompensa,
tú recompenses mi fidelidad, en el nombre de Jesús.
Amén.

Cuando su corazón está limpio y puro, usted puede pedirle a Dios con pureza por las cosas que desea. Ruego que abra
su corazón y reciba. Las mujeres sabemos dar y damos, pero
¿sabemos cómo recibir? Decreto que usted aprenderá en esta
época a recibir el amor y el favor de Dios sin remordimiento.

La potencia salvadora de la diestra de Dios

Dios extiende su mano hacia usted desde su santuario para
fortalecerla y librarla. El salmista dice: "Ahora sé que el Señor
salva a su ungido; le responderá desde su santo cielo, con la
potencia salvadora de su diestra" (Salmo 20:6, lbla). La mano
del Señor representa un talento para hacer aquello para lo que
fue diseñada. Dios da de su mano el espíritu de poder. Poder
es el ímpetus o el poderío para hacer grandes proezas para el
Señor. Milagros, señales y maravillas fluirán hacia su vida.

Enemigos destruidos

Cuando la mano de Dios viene sobre usted, hay una nueva autoridad y poder para destruir a los enemigos de su destino. Éxodo 15:6 dice, "Tu diestra, oh Señor, es majestuosa
en poder; tu diestra, oh Señor, destroza al enemigo" (lbla).
Decreto que la mano del Señor tocará su vida. Que su poder
venga sobre usted para hacer grandes proezas para el reino. ¡Yo
decreto que la diestra de Dios destruye a todo enemigo de su
alma!

Limitaciones rotas

Con el creador de los cielos y la tierra como su aliado, todas las cosas se vuelven posibles. Lo que es imposible para el ser humano, es posible con Dios. Piénselo, amada Ana. Las limitaciones, la esterilidad, la ineficacia y la improductividad, ¡son rotas! Un manto vendrá sobre su vida, y usted hará cosas sobrenaturales. Llevará cosas nuevas en el espíritu y en lo natural. Aunque digan que usted no puede dar vida, la potencia salvadora de la mano de Dios se extenderá a usted desde su santo santuario y una nueva vida surgirá.

Piense en lo que sucedió en 1 Reyes 18:46: "Entonces el Señor le dio una fuerza extraordinaria a Elías, quien se sujetó el manto con el cinturón y corrió delante del carro de Acab". Proféticamente, los carros representan algo de gran poder y velocidad, algo hecho por el hombre, tanto concreto como abstracto, tal como los sistemas de este mundo. Cuando la mano del Señor esté sobre su vida, usted vencerá todo sistema o estructura, hecho por el hombre, diseñada para detener su destino.

El Salmo 20:7 dice: "Estos confían en carros, y aquéllos en caballos; mas nosotros del nombre de Jehová nuestro Dios tendremos memoria". Repito, los carros e incluso los caballos representan sistemas o soluciones de rápido movimiento hechas por el hombre. Sin embargo, nosotras no tendremos nuestra confianza en nuestras propias fuerzas o habilidades. Confiaremos en el Señor. A veces, se siente más fácil acudir a nuestro propio sistema de creencias y de hacer las cosas. A veces, hasta luchamos contra la voluntad de Dios. Por eso, tenemos estas épocas de invierno, de esterilidad. El Señor nos está enseñando y renovando nuestro pensamiento y espíritu para que se alineen con los planes y propósitos del Señor para nuestra vida. Tal como dice la Escritura: "Confía en el Señor con todo tu corazón, y no te apoyes en tu propio entendimiento. Reconócelo en todos tus caminos, y Él enderezará tus sendas" (Proverbios 3:5-6, NBLH).

Agilización y avance

La mano de Dios traerá agilización. Cuando Dios envía ayuda desde el santuario y su mano descansa sobre usted, tanto la agilización como el avance entran a su vida. El estancamiento desaparece. La esterilidad desaparece. Con Dios no es con espada ni con ejército, sino por su Espíritu que cumpliremos todo lo que Él nos ha mandado hacer (Zacarías 4:6). Su Espíritu trae el poder que nos impulsa hacia adelante. Su Espíritu nos brinda el favor que nos permite avanzar más allá de lo que merecemos en lo natural. Que la fortaleza de Dios venga sobre usted. Que la mano del Señor descanse en usted para avanzar hacia adelante. ¿Alguna vez ha visto personas que están en una época donde parece como si simplemente son catapultadas de un lugar al siguiente? Aunque puede haber muchas cosas que suceden tras bambalinas y que nosotras no vemos, esa es la evidencia de que la mano del Señor está sobre ellas. Y si Él lo hizo por ellas, Él lo hará por usted.

Fortaleza y resistencia

Cuando la mano del Señor viene sobre su vida, se libera una unción de fortaleza y resistencia. Isaías 41:10 demuestra esta verdad: "Te fortaleceré, ciertamente te ayudaré, sí, te sostendré con la diestra [una mano de poder, de victoria, de salvación] de mi justicia" (LBLA, corchetes añadidos). La resistencia es uno de los rasgos clave de la unción de Ana. Usted podría sentirse abandonada, abrumada, desanimada o rechazada. Podría sentir que está desperdiciando sus oraciones y Dios no escucha, pero la desafío a continuar en esa unción y orar aún más. Ruegue que la mano del Señor venga sobre usted y fortalezca sobrenaturalmente su vida. Deje que la resistencia descanse sobre su alma. La mano del Señor ha venido para impartirle la capacidad para terminar su curso con gozo. Tal como Ana declaró: los que tropezaron se visten de fortaleza por la diestra del Señor (1 Samuel 2:4).

Redención y restauración

Dios usará poder sobrenatural para redimir y restaurar su vida. En la Biblia, la diestra de Dios se usa para describir las formas en las que el Señor salva, liberta y rescata a su pueblo de todos sus enemigos. Representa poder y fortaleza, redención y restauración.

Si anduviere yo en medio de la angustia, tú me vivificarás; Contra la ira de mis enemigos extenderás tu mano, y me salvará tu diestra.

—Salmo 138:7

Jehová dijo a mi Señor: Siéntate a mi diestra, hasta que ponga a tus enemigos por estrado de tus pies.

—Salmo 110:1

Las Anas mueven la mano de Dios

Cuando ora desde su posición como una Ana de la era moderna, ora desde un lugar de favor. La unción para orar y no rendirse es la esencia de la unción de Ana. Dios honra las oraciones de las Anas con su fidelidad para responder. Él entra en nuestras épocas de esterilidad para llevarnos ayuda y liberación desde su santuario santo.

Por sus acciones firmes, oraciones duraderas y decretos proféticos, usted mueve la mano de Dios. A Dios no se le dificulta salvar a sus justos y verlos con favor porque, aun en su época de invierno, usted se deleita en el Señor. Lo busca mientras puede ser hallado. Usted desea conocer a Dios y su perfecta voluntad con relación a sus peticiones. Desea conocerse a sí misma y al destino de Dios para su vida. Desea verse a través de los ojos de Él. Se está liberando de la autocondenación, la autocompasión y la vergüenza. Usted quiere usar las cosas por las que ora para cambiar el mundo. Usted espera ser bendecida para ser de bendición. Esto es lo que se le mandó a hacer.

Así que sus oraciones son a nivel de socios. Usted desea asociarse con Dios para expandir su reino y para engrandecer su nombre. Dios se apresura a responderles a aquellos cuyo corazón es como el de Él. Así que aun cuando no entienda la mano de Dios, confíe en Él. Aun cuando piense que Dios no va a llegar cuando piensa que Él debería hacerlo, confía en el sentir de Dios por usted. Sepa que Él la ama, y que nunca la dejará ni la abandonará. Comprenda cuánto quiere el Señor que usted triunfe.

Dios tiene un horario en crecimiento para su vida, y Él quiere enviarle la ayuda que usted necesita. Todo su plan para librarla y salvarla nació por amor y el deseo del Señor de estar con usted. Él quiere comunicarse con usted. Él mandó a su Hijo unigénito a morir en un esfuerzo exitoso para hacer un camino para que nosotras volviéramos a estar cerca de Él. Yo ruego a Dios que usted sepa cómo tocan el corazón del Señor sus oraciones llenas de lágrimas y mueven su mano. Él le responderá y le enviará ayuda desde el santuario.

Su boca es una gran arma

Ana usó su boca para orar y decir decretos proféticos que invocaban el poder de Dios, lo que le dio la victoria sobre los ataques del enemigo. Ella dijo: "Mi corazón se regocija en Jehová, mi poder se exalta en Jehová; mi boca se ensanchó sobre mis enemigos, por cuanto me alegré en tu salvación" (1 Samuel 2:1).

Que nuestra boca sea una gran arma no es algo que, como mujeres, escuchemos con frecuencia, a menos que esté relacionado con que nuestra boca es una fuerza destructiva. A veces, se nos dice que nuestra boca nos meterá en problemas, que una palabra de nosotras lo arruinará todo, o que si hablamos, somos rebeldes y estamos fuera de orden. El silencio es lo que muchas veces se prefiere para las mujeres, tanto dentro como fuera de la iglesia. Muchas veces nos advierten sobre hablar con mucha liberalidad, muy fuerte, y de articular nuestros pensamientos, información y opiniones. En reuniones, a veces, nuestras observaciones, estrategias e ideas se ignoran. En la iglesia, nuestras prédicas y enseñanzas están cuidadosamente limitadas a compartirlas con otras mujeres y con los niños. Las organizaciones y los grupos sufren una desventaja cada vez que la voz de una mujer es silenciada más veces de lo que es motivada a expresarse.

Las mujeres, al igual que todos, hemos dicho tonterías. Vemos evidencia de esto en la carta de Pablo a la iglesia de Corinto. (Vea 1 Corintios 14). Sin embargo, la voz de las mujeres es de crítica importancia en esta época. Sí, necesitamos usar el discernimiento sobre cuándo hablar y cuándo estar calladas, pero nuestras oraciones, declaraciones proféticas y alabanza hablan de la fortaleza y la liberación de Dios. Cuando clamamos a Dios, Él nos escucha y responde. La tierra está desesperada por lo que nosotras estamos pidiendo en oración. Lo que estamos decretando trae vida y luz. Lo que profetizamos con nuestra boca libera la palabra del Señor sobre generaciones.

Job 22:28 dice: "Determinarás asimismo una cosa, y te será firme". La palabra traducida "cosa" significa "habla, palabra, dicho, promesa, mandato".[5] La palabra traducida "firme" significa levantarse, confirmar, hacer el bien, llevar a cabo o triunfar. También significa levantar, poner firme o edificar.[6] Cuando usted usa su boca para decretar la Palabra de Dios, está edificando, construyendo y activando las promesas con sus palabras. La boca es importante para traer las promesas de Dios. Dios agrandó la boca de Ana sobre sus enemigos. Su boca reveló su avance.

La única arma en la armadura de Dios es la espada del Espíritu, que es la Palabra de Dios (Efesios 6:17). Las palabras de la Palabra de Dios son las más poderosas que podemos decir. Creo que hablar verdad, vida y bendición proveniente de la Palabra es de crítica importancia en una época de esterilidad. Cuando haya esterilidad en su vida, use su boca como un arma. Su voz acalla las burlas y tormentos del enemigo. Hebreos 4:12

dice que la palabra de Dios es rápida, poderosa y más afilada que cualquier espada de dos filos. La espada del Espíritu es la Palabra de Dios acelerada para su situación. Cuando usted ora al Señor por una respuesta a un problema, una idea para un negocio, o un hijo de la manera en que lo hizo Ana, el Señor despertará una escritura en su espíritu proveniente del corazón o la boca de Dios. Esta palabra *rhema* es considerada una espada de un solo filo que procede de la boca de Dios. Cuando usted declara esta palabra por fe, se convierte en una espada de dos filos que libera el poder de Dios en su vida. La exhorto a llenar su corazón con la Palabra de Dios y orar en el Espíritu, permitiendo al Espíritu Santo que despierte palabras en su corazón que pongan fin y destruyan las obras del enemigo en su vida.

Como humanos, somos creados a la imagen de Dios, y la herramienta que Él usó para crear y conquistar fue su voz. Dios nos dice, por medio de la Escritura, que Él crea el fruto de los labios (Isaías 57:19). El clamor de la estéril es por una semilla. El clamor de la estéril es: "Dame un hijo o una hija, o moriré". Las Anas no se conforman con el *statu quo*; ellas están desesperadas por continuar el linaje. Están desesperadas por ver la multiplicación de los intereses del reino.

Usted debe ser persistente en sus oraciones y peticiones a Dios. Use su autoridad para declarar lo que Él ha dicho sobre usted y sus sueños. Use su voz para cantar y darle alabanza a Él y agradecerle por hacer lo imposible en su vida. La alabanza es un arma que rompe la espalda de los enemigos que se levantan en su contra. Use su voz para atar lo que no es de Dios y liberar los beneficios del santuario celestial en el ámbito terrenal.

Cuando está esperando que la promesa de Dios se cumpla, los enemigos como la vergüenza, el rechazo, la transigencia e incluso los celos atacarán su mente. Muchas veces, cuando no está teniendo éxito de la manera que lo imaginó o sus sueños no están haciéndose realidad de la forma en que esperaba, el enemigo viene le ataca con un complot de silencio. Él la hace bajar el volumen de su confesión de fe. Trata de hacerla sentir como si usted no escuchó a Dios correctamente y que donde está no la necesitan. Él tratará de hacerla pensar que no está llamada a cierto ministerio o que no debería dejar su trabajo para empezar un negocio. Estas voces de duda tienen el objetivo de sacarla de la posición que Dios ordenó para usted a fin de que su voz sea silenciada. El enemigo no quiere que su influencia sea el catalizador para el cambio que se daría si usted abriera su boca.

Yo le decreto, Ana, que abra su boca, clame al cielo por ayuda, asegúrese de que los ángeles sean enviados a rescatar y a ayudar, vea la mano de Dios moverse en la tierra a su favor, esté atenta a que sus enemigos sean silenciados, y prepárese para el cumplimiento, el incremento y la multiplicación.

Oraciones para enviar ángeles

Cuando ora por ayuda angelical, es importante recordar que los ángeles prestan atención a la voz de la Palabra de Dios (Salmo 103:20). No podemos ordenar a los ángeles celestiales que hagan algo que no está de acuerdo con la Palabra de Dios, su propósito, su plan o su voluntad. Como herederas de la salvación, es importante conectar nuestra voz a la Palabra de Dios, para orar y declarar el sentir y el pensamiento del Señor para nuestra vida usando primordialmente la Escritura. Nuestras oraciones pueden incluir palabras de la Escritura, palabras de profecía y las promesas de Dios. El Espíritu Santo es responsable de gobernar la actividad de los ángeles cuando oramos y declaramos la Palabra. El Espíritu Santo nos da la unción para decir las palabras correctas para cada época de nuestra vida.

Señor, te agradezco por darles responsabilidades a tus ángeles sobre mí. Ellos me levantan en sus manos, no sea que mi pie tropiece contra una piedra. Declaro que los ángeles ascienden y descienden en mi vida. Ellos están atentos, escuchando y obedeciendo la voz de la Palabra de Dios en mi vida. Señor, deja a tus ángeles ir delante de mí, enderezando cualquier lugar torcido y alisando todo lugar áspero. Yo suelto a los ángeles para que abran puertas de oportunidad para mí. Permite que los ángeles que programan conexiones divinas y encuentros sobrenaturales sean liberados en mi vida, en el nombre de Jesús. Deja que los ángeles peleen contra cualquier adversario en cada puerta abierta ordenada por Dios. En el nombre de Jesús, libero a los ángeles de mi unción. Señor, decreto vida en mi vientre. Decreto fruto. Padre, te pido que la actividad angelical incremente exponencialmente en mi vida. Decreto que los ángeles de prosperidad y ministros de finanzas son liberados para ayudar a financiar misiones del reino en mi vida. Decreto anuncio de ángeles e instrucción divina me será enviada desde el cielo. Así como cuando los ángeles vinieron y le dieron a Daniel capacidad para entender, Señor, te pido que tú envíes ángeles de revelación a mi vida. Padre, te pido que envíes llamas de fuego ministrador para tomar carbón del altar del cielo y limpiar mi iniquidad.

Oraciones que hacen descender ayuda desde el santuario celestial

Señor, preparo mi corazón para entender tu voluntad para mi vida. Me humillo delante de ti. Deja que las palabras de mi boca y los pensamientos de mi corazón sean aceptables delante de ti. Que mis palabras sean escuchadas en lo alto y envíen ayuda desde el santuario. Señor me humillo y clamo a ti. Necesito tu ayuda y tu fuerza. Tu fuerza se perfecciona en mi debilidad. Inclina tu oído a mi oración, oh Señor. Te pido fortaleza sobrenatural para resistir y ver la promesa cumplida en mi vida. Fortaléceme desde Sión para terminar la obra delante de mí. Te pido por una unción fresca y que el vino nuevo del Espíritu me llene. Espíritu Santo, fortaléceme con poder en mi ser interior. ¡Declaro que soy fuerte en el Señor y en el poder de su fuerza! Me deleito en ti, así que te pido que cumplas los deseos celestiales en mi corazón. Declaro que te amaré, oh Señor, mi fortaleza. Tú eres mi lugar firme y seguro, mi fortaleza a donde corro y estoy a salvo, mi roca, mi libertador.

Oraciones que liberan la mano de Dios

Dios, pongo cada parte de mi vida en tus manos confiables. Declaro que nadie me arrebatará de tu mano. Tu manos es fuerte y poderosa. Señor, las cosas que has pedido de mí están fuera de mis propias capacidades. Dependo totalmente de tu mano para que toque mi vientre y pueda tener un hijo. Dependo totalmente de tu poder sobrenatural para producir cosas extraordinarias en mi vida. Me acerco a ti. Someto mi voluntad a la tuya. Obra en mí para que desee y haga lo que te complace. Señor, clamo para que tu mano esté conmigo y me mantenga libre de dolor. Deja que tu mano me faculte con una gracia sobrenatural que redima mi vida de la destrucción y la restaure. Señor, estira tu mano y pelea contra mis enemigos. Decreto que tu diestra y tu brazo santo me han dado la victoria. Abre tu mano y satisfaz mi deseo. A donde tu mano me guíe, yo iré.

Capítulo 8

ENTRE AL DESTINO A TRAVÉS DE LA PROVOCACIÓN

Y su rival la provocaba amargamente para irritarla, porque el Señor no le había dado hijos.

—1 Samuel 1:6, LBLA

AHORA, USTED YA tiene un entendimiento de todas las piezas de la unción de Ana que tiene en su interior; las cuales son necesarias para avanzar. Está al borde de algo fenomenal. No se desanime. Estoy orando para que Dios alumbre los ojos de su entendimiento. Tiene a Ana como modelo para lo que debe hacer cuando está completamente sola en una casa llena de gente que se burla, los toma a la ligera o malinterpreta sus sueños. Ella es el modelo de cómo mantenerse fuerte cuando nadie comprende. Ana no tuvo a alguien a quien imitarle la estrategia de salida de su época de esterilidad. Pero nosotras sí tenemos a Ana, y estamos en compañía de miles de otras Anas que permanecerán firmes, juntas, hasta que veamos venir nuestra liberación y que nuestra justificación surja como el sol de mediodía (Salmo 37:6). Mientras se mantiene firme en este lugar de fe, esperanza y expectación, aférrese a lo que Dios está diciendo, y ejercite y ejecute las cosas que Él le dice que haga.

Ana oraba por un hijo, pero su concepción y el momento del parto fue retrasado mientras Dios desarrollaba en ella la sabiduría y la fortaleza para poder criar al profeta más grande que el mundo haya conocido. Dios quería que ella estuviera completa y totalmente alineada con su propósito divino para el deseo que Él puso en ella.

Se ha dicho que: "uno de los profetas más grandes que haya vivido salió de la matriz de Ana porque alguien la provocó Penina significa joya, preciosa, valiosa… Lo más valioso en la vida de Ana era la cosa que la provocaba a clamar a Dios por más".[1] Otro pastor escribió: "Al igual que Ana, usted ha sido provocada al propósito por sus amigos, sus seres queridos, cada palabra entra en usted como una espada. No se rinda. Dios está usando esas provocaciones para empujarla a usted hacia su propósito".[2]

Yo no soy la mujer de Dios que soy hoy día porque mi vida haya sido fácil. He sido traicionada, falsamente acusada y han dicho chismes de mí. He aprendido que toda flor crece a través de un poco de tierra. Elegí permitirle a mi dolor que me transformara en un vaso útil para el uso del Maestro. Yo decreto una gran inauguración de su propósito. Hay unciones, sueños y visiones esperando nacer en su vida. ¡Permítales surgir y cambiar el mundo! ¡Ahora es su época de avance!

El nacimiento es un proceso doloroso y, a veces, feo. Hay gente gritándole para que puje y, a veces, los amigos y la familia parecen ser el enemigo durante el proceso. Sin embargo, sus compañeros de destino la están provocando a entrar a su destino. Penina no tenía ni la más mínima idea de que ella estaba reforzando la fe de Ana al declarar continuamente que Ana estaba en esa condición porque el Señor así lo quiso, pero este elemento fundamental nos permite aferrarnos a la esperanza cuando la desesperación toca a la puerta. Saber que cada detalle de nuestra vida está ordenado por el Señor nos reitera que Él está con nosotras.

¿Qué dificultades, relaciones o ataques del enemigo la están empujando a su destino? Permita que su respuesta forme gratitud hacia Dios en su corazón por organizar todo para ver su propósito cumplido. Deje que Dios habite en su alabanza.

Que el clamor de la estéril se levante

Viendo Raquel que no daba hijos a Jacob, tuvo envidia de su hermana, y decía a Jacob: Dame hijos, o si no, me muero.

—Génesis 30:1

Durante mucho tiempo, en nuestra cultura, la bendición y la belleza de la maternidad y la esencia de lo que significa ser una mujer han estado bajo ataque. El abuso sexual y la mala conducta contra las mujeres han afectado la manera en que vemos la belleza de la fertilidad y la bendición de ser mujer. Embarazos no deseados atacan la belleza del nacimiento y la crianza, pero yo decreto que el clamor de la estéril está en aumento. Las mujeres, nuevamente, claman para tener hijos e hijas que cambiarán al mundo que conocemos.

Debido al rechazo y la lucha para equilibrar las desigualdades de género, nuestros puntos de vista del valor de la maternidad y de los hijos han sido distorsionados. Lo que una vez fue una fortaleza y una bendición se ha vuelto debilidad y maldición. Hay una dureza de corazón hacia la belleza de la maternidad, de criar y educar niños. Las mujeres han sido lastimadas y limitadas debido a esta capacidad única durante siglos. Hemos sido marginadas, pisoteadas, empujadas al fondo, y nos han bloqueado oportunidades, y nuestras palabras y perspectiva han sido silenciadas a causa de este don hermoso que nos dio Dios. La capacidad para crear y sostener vida nueva nunca debería ser subestimada.

Le declaro a usted que el deseo para reproducirse y tener hijos e hijas está volviendo al corazón de las mujeres en esta época. Ungidas con gracia y humildad, estamos empujando contra la toxicidad de la desigualdad de género y ya no estamos dándole lugar al enemigo en lo que se refiere a nuestra capacidad de llevar un fruto que permanezca. El fruto de nuestro vientre ha sido asignado "sobre las naciones y sobre los reinos, para arrancar y derribar, para destruir y derrocar, para edificar y plantar" (Jeremías 1:10, LBLA). Este es el propósito de todo Samuel natural, espiritual, financiero, de caridad, corporativo o literario que una Ana dará a luz en esta época y en las épocas venideras. El enemigo ya no tiene reinado gratis para apagar y abortar los sueños y dones que Dios nos ha dado especialmente para nosotras. Dios sanará nuestro corazón en esta área y nos devolverá el tiempo y fruto que las langostas devoraron.

La desesperación para dar a luz a la promesa de Dios es intensa debido a lo que esa semilla hará cuando sea sembrada en la tierra. Hijos tanto naturales como espirituales tienen importancia en llevar adelante la herencia de los santos. El instinto maternal está regresando a la tierra.

Cumpla su voto y posicione su semilla para el triunfo

Una vez nuestra semilla prometida ha nacido o ha sido cumplida, hay regocijo —sí— pero también hay responsabilidad. Una vez que nuestros sueños y propósito del tamaño de Dios han nacido, no podemos olvidar el voto que le hicimos a Dios: "Oh Señor de los ejércitos, si tú te dignas mirar la aflicción (sufrimiento) de tu sierva, te acuerdas de mí y no te olvidas de tu sierva, sino que das un hijo a tu sierva, yo lo dedicaré al Señor por todos los días de su vida" (1 Samuel 1:11, LBLA). ¿Cómo le devolveremos a Dios una semilla digna de su llamado? ¿Cómo la criaremos y la posicionaremos para el triunfo?

Después de que Ana dio a luz a Samuel, ella no se apresuró a regresar al templo. Ella no se apresuró a darle al niño a una institutriz o nana. Ella permaneció con él y lo crio hasta que estaba completamente destetado:

> Subió el varón Elcana con toda su casa a ofrecer al Señor el sacrificio anual y a pagar su voto, pero Ana no subió, pues dijo a su marido: No subiré hasta que el niño sea destetado; entonces lo llevaré para que se presente delante del Señor y se quede allí para siempre. Y Elcana su marido le dijo: Haz lo que mejor te parezca. Quédate hasta que lo hayas destetado; solamente confirme el Señor su palabra. La mujer se quedó [detrás] y crió a su hijo hasta que lo destetó. Después de haberlo destetado, lo llevó consigo, con un novillo de tres años, un efa de harina y un odre de vino [para derramar sobre la ofrenda quemada para tener una fragancia dulce], y lo trajo a la casa del Señor en Silo, aunque el niño era pequeño.
>
> —1 Samuel 1:21-24, lbla, corchetes añadidos

Ana cumplió su voto dedicando a Samuel al Señor. Aunque Samuel era su único hijo, "ella estaba dispuesta a darlo y confiarle a Dios todo lo que tenía. Su tiempo en la sala de espera de Dios la había hecho una mujer de oración y gran fe".[3]

Ana tomó tiempo para posicionar a Samuel para el triunfo. A veces, recibimos lo que le hemos pedido a Dios, y tan pronto nos lo entrega, empezamos a orar por algo diferente. Piense en tomar todo el tiempo permitido para su ausencia por maternidad, tanto en el espíritu y en lo natural. A causa del temor de perder la oportunidad o provisión de algún tipo, las mujeres no siempre toman el tiempo necesario para nutrir y criar apropiadamente lo que Dios les ha dado. Yo sé que esto no siempre es posible para las nuevas mamás en lo natural, pero no permita que el temor dicte cómo criar a su hijo después de que él o ella nació. Deje que Dios le provoque el cambio mental y espiritual que necesita para verter en la semilla que tanto ha deseado.

Aunque muchas de nosotras tenemos que volver físicamente a trabajar de inmediato, las Anas tienen esa unción especial para concentrar su atención en la principal de cara a la distracción incomprensible. Podemos poner todo a un lado y silenciosamente apagar el ruido para nutrir y administrar la semilla por la que trabajamos.

El poder de rendirse silenciosamente

El Señor le dijo a mi Señor: "Siéntate en el lugar de honor a mi derecha, hasta que humille a tus enemigos y los ponga por debajo de tus pies".

—Salmo 110:1, NTV

Cuando los caminos del hombre son agradables a Jehová, aun a sus enemigos hace estar en paz con él.

—Proverbios 16:7

Hay una gran multitud de voces falsas hablando a nuestra vida. Hay voces de tormento, burla y acusación. Estas voces las envía el enemigo para hacer que usted dude de la palabra del Señor sobre su vida. Estoy aquí para decirle: Apártese. Levántese de la mesa. Deje su comida allí. No se involucre en ninguna batalla carnal. No importa por lo que el diablo o su Penina esté tratando de acusarla, usted tiene que aprender cómo mantener un perfil bajo. El diablo quiere ponerla en una batalla carnal donde esté tratando de probar y explicarse a sí misma, a veces hasta cuando ha recibido la victoria.

Solo puedo imaginar cómo pudo haber sido para Ana el momento en que dio a luz. Quizá estuvo temporalmente tentada a presumir a Samuel ante Penina. Sin embargo, eso no es lo que vemos. Ella mantuvo su paz y no trató de redimirse. No podemos pasar de un lugar en el Espíritu, donde estamos alineadas con los propósitos de Dios, a un lugar en nuestra carne, cuando usamos nuestras oraciones contestadas como una baratija de validación personal. Eso es orgullo. Eso es egoísmo. Es darle lugar al enemigo y dejar que nuestra carne gobierne en nuestra época de cumplimiento. Mujer de Dios, no podemos hacer eso. Hemos llegado muy lejos y orado por mucho tiempo para permitir que un momento de orgullo nos lleve a presumir en la cara de nuestros enemigos. La humildad y la gracia tienen que seguir siendo nuestra guía.

La Biblia dice que hay un tiempo y una época para todo, incluyendo el tiempo de hablar y el tiempo de estar callada (Eclesiastés 3:1, 7). Una vez que usted haya hecho su decreto y dicho su oración, hay un tiempo para permanecer quieta y ver la salvación del Señor. El Señor está enviando un espíritu de discernimiento fuerte sobre las Anas de la era moderna. Ellas no serán desequilibradas en sus comunicaciones. El Espíritu Santo colocará un vigilante sobre nuestras bocas y guardará las puertas de nuestros labios para que no pequemos con nuestras palabras. Los oídos de las Anas de la era moderna estarán abiertos a la voz de Dios y ellas tendrán la lengua del entendido, diciendo las palabras correctas en las épocas adecuadas.

El silencio era una de las estrategias de Ana contra sus enemigos. Sobre algunas cosas tenemos que aprender cómo cerrar nuestra boca. Solo retroceda, sométase y manténgase postrada sobre su rostro ante Dios. Incluso después del cumplimiento de la promesa de Dios, tenemos que mantenernos humildes, sabiendo que es Dios quien le da la semilla al que siembra. Todo por lo que hemos orado le pertenece a Él.

No hay mucho crédito que una mujer estéril pueda tomar por tener repentinamente un embarazo. Todo es obra de Dios. Todo lo que nosotras hicimos, sin saber realmente cómo sucedería, fue rendirlo todo a Él. El diablo sigue intentando hacernos caminar en la carne, pero nosotras debemos permanecer en un lugar de "yo lo rindo todo", en serio. Cada vez que usted se enreda en argumentos, autopreservación, justificación y duda, está operando desde un lugar malo: "Mirad, hermanos, que no haya en ninguno de vosotros corazón malo de incredulidad para apartarse del Dios vivo" (Hebreos 3:12). Queremos sacar todo lo malo, la duda y la incredulidad de nosotras. No hay lugar para ello en el camino al que estamos asignadas. Podemos confiar en Dios para que nos defienda.

Estamos en una época donde realmente tenemos que entender el poder de rendir a Dios: nuestra salud, finanzas, hijos, todo. No podemos estar en nuestra carne para nada porque Dios se está preparando para repartir justicia. Él se está preparando para pasar sus juicios contra nosotras y toda lengua que se haya levantado contra nosotras en condenación. Podemos quedar fácilmente en el lado malo de los juicos de Dios si permitimos que nuestros enemigos nos hagan pasarnos a nuestra carne.

Usted nunca conocerá la bendición de rendirse a los juicios de Dios incluso cuando ha sido tratada injustamente; hasta que vea a su enemigo en una posición que podría empujarla directamente a su destino. Podría nunca conocer la bendición de su silencio humilde y llena de gracia cuando su enemigo estaba lanzando ataques verbales en su contra, hasta que vea que ellos pudieron conectarla con reyes y presidentes. Quizá nunca conozca la bendición de su decisión de inclinarse y adorar a Dios en vez de decirle a esa persona a dónde irse, hasta que ve que esa persona ha sido todo el tiempo la clave para su avance.

Usted podría estar tentada a vengarse. Incluso podría estarse preguntando por qué sus enemigos aún prosperan, pero le animo a dejar que la justicia del Señor fluya como un río. Deje que Dios lo maneje. Usted mantenga sus ojos en Jesús. Si Dios no fuera un Dios de misericordia y llevara a cabo la medida completa de sus juicios contra sus enemigos en la manera en que usted quiere que lo haga, ellos no estarían listos para conectarla con esa oportunidad que abrirá una puerta tremenda, sin precedentes, para usted. Le digo, Dios hará lo que es justo. Él hará lo correcto.

Dios dice: "Dile a mis Anas que abriré mi mano y voy a satisfacer sus deseos más profundos, y que el enemigo que ven frente a ellas será a través de quien se cumplirán mis propósitos para su vida".

Estos son días de recompensa grande e inusual. Recompensa significa que usted va a ser reembolsada y hasta más de parte de Dios. Es una recompensa dada por lo que se perdió o dañó, una recompensa por los buenos esfuerzos que hizo. No se trata de obtener una bendición que usted no estaba buscando. La recompensa se trata de cosas que se supone que usted debe tener.

Dios dice a sus Anas hoy: "Espera una recompensa inusual. Yo te justificaré y restauraré. Todo lo que se ha perdido, todo lo que se te ha retenido te será entregado. Yo soy el Señor tu Dios. Yo pagaré".

No os venguéis vosotros mismos, amados míos, sino dejad lugar a la ira de Dios; porque escrito está: Mía es la venganza, yo pagaré, dice el Señor.

—Romanos 12:19

Deje que Dios lo haga. Usted solo necesita estar quieta.

Esta es su época

Es tiempo, Ana. Usted es portadora y libertadora de una promesa que liberará el poder y la gloria de Dios en nuestra vida y comunidades. Es tiempo de confiar en que Dios abrirá su vientre. Él ha fijado el tiempo para que su promesa nazca. Es tiempo de emplear la resistencia, firmeza y resiliencia que Dios le ha dado. Es tiempo de conocer quién es Dios y quién es usted. Es tiempo de permanecer firme en las promesas de Dios y orar persistentemente hasta que dé fruto que permanezca. Su época de esterilidad está terminando. Esta es su época de fructificar porque ha soportado. Los celos, el rechazo, la transigencia, el juicio y la vergüenza no la derrotarán. Usted ha sido escogida por Dios. Permanezca quieta y vea su salvación. Su semilla prometida está en camino. Esta es su época.

Oración de agradecimiento y exaltación

Señor, tú eres quien quita y da vida. Te agradezco por abrir mi matriz. Tú me has levantado y yo te adoro. Me has puesto entre príncipes. Gracias porque tú has triunfado y me has dado la victoria sobre mis enemigos. Grande eres tú, Señor, y digno de ser alabado. Señor, te doy todo lo que me has dado. Tú has cumplido las promesas que me hiciste, y yo me inclino ante ti en adoración. Gracias por hacer realidad todos mis sueños. ¡Grande es tu fidelidad! Tú eres la roca de mi salvación. ¡No hay nadie como tú! Señor, tú eres mi sol y mi escudo. Me has dado gracia y gloria. Ninguna cosa buena me has retenido. ¡Mi alma hace alarde de ti!

NOTAS

Introducción: Usted es la respuesta
1. *New Spirit-Filled Life Bible*, NKJV, ebook (Thomas Nelson).
2. Blue Letter Bible, s.v. *"Channah"*, www.blueletterbible.org.
3. Blue Letter Bible, s.v. *"Channah"*.
4. Blue Letter Bible, s.v. *"channowth"*, www.blueletterbible.org.
5. Blue Letter Bible, s.v. *"chanan"*, www.blueletterbible.org.

Capítulo 1: Cerrado por una temporada
1. Michelle McClain-Walters, *La unción de Débora* (Casa Creación).

Capítulo 2: Oraciones no contestadas, reciba la respuesta
1. Bible Study Tools, s.v. "kairos", www.biblestudytools.com.
2. Merriam-Webster, s.v. "época", www.merriam-webster.com.
3. Bible Study Tools, s.v. "hora", www.biblestudytools.com.
4. Blue Letter Bible, s.v. "hōraios", www.blueletterbible.org.
5. *"Waiting on the Lord"*, www.bible.org.

Capítulo 3: No se canse
1. Merriam-Webster, s.v. *"relentless"*, www.merriam-webster.com;
   Merriam-Webster, s.v. *"abatement"*, www.merriam-webster.com.

Capítulo 4: El remedio
1. Merriam-Webster, s.v. *"breakthrough"*, www.merriam-webster.com.
2. Blue Letter Bible, s.v., "menō", www.blueletterbible.org.
3. Michelle McClain-Walters, *La unción de Ana* (Casa Creación). La
   definición de la palabra *meno* la cita Michelle Haarer, *Breaking the
   Barriers of the Impossible* (WestBow), www.books.google.com.

Capítulo 5: Los enemigos que se reúnen
1. Merriam-Webster, s.v. *"jealous"*, www.merriam-webster.com.
2. Merriam-Webster, s.v. *"covetous"*, www.merriam-webster.com; Merriam-Webster, s.v. *"envy"*, www.merriam-webster.com.
3. Blue Letter Bible, s.v. *"tsarah"*, www.blueletterbible.org.
4. Merriam-Webster, s.v. *"adversary"*, www.merriam-webster.com.
5. Merriam-Webster, s.v. *"rival"*, www.merriam-webster.com.
6. Blue Letter Bible, s.v. *"ka'ac"*, www.blueletterbible.org.
7. Eddie Foster, *"How to Overcome Jealousy"*, Insights Into Changing Your Life (blog), www.lifehopeandtruth.com.
8. Collins Dictionary, s.v. *"compromise"*, www.collinsdictionary.com.

Capítulo 6: Más que vencedora
1. Merriam-Webster, s.v. *"justice"*, www.merriam-webster.com.
2. Blue Letter Bible, s.v. *"Bĕrakah"*, www.blueletterbible.org; Blue Letter Bible, s.v. *"Bĕrakah"*, www.blueletterbible.org.
3. R. Laird Harris, Gleason L. Archer Jr., y Bruce K. Waltke, eds., *Theological Wordbook of the Old Testament* (Moody Press).

Capítulo 7: Ayuda proveniente del santuario — fortaleza que viene de Sión
1. Blue Letter Bible, s.v. *"diakonia"*, www.blueletterbible.org.
2. Blue Letter Bible, s.v. *"chrisma"*, www.blueletterbible.org.
3. Merriam-Webster, s.v. *"unction"*, www.merriam-webster.com; Merriam-Webster, s.v. *"fervor"*, www.merriam-webster.com.
4. Blue Letter Bible, s.v. *"shemen,"* www.blueletterbible.org.
5. Blue Letter Bible, s.v. *"'omer,"* www.blueletterbible.org.
6. Blue Letter Bible, s.v. *"quwm,"* www.blueletterbible.org.

Capítulo 8: Entre al destino a través de la provocación
1. Darrell G Vaughn, *"Maximum Impact,"* Battlefield Ministries, 12 de diciembre, 2010, www.bmcog.org.
2. Shine Thomas, *"Provoked Into Purpose,"* City Harvest AG Church, 27 de julio, 2015, www.cityharvestagchurch.org.
3. Aduke Obey, *"Provoked to Destiny,"* House of Refuge, 15 de mayo, 2011, www.houseofrefugeng.org.

MICHELLE McCLAIN-WALTERS

LEVÁNTATE EN EL ESPÍRITU DE AUDACIA Y
RECLAMA TU DESTINO

El
ESPÍRITU Y EL PODER
de
Elías

MICHELLE McCLAIN-WALTERS
Autora de *La unción de Ester*

LA
UNCIÓN DE
ANA

MICHELLE McCLAIN-WALTERS

LA
UNCIÓN DE
RUT

MICHELLE McCLAIN-WALTERS

LA
UNCIÓN DE
SARA

MICHELLE McCLAIN-WALTERS

LA
UNCIÓN DE
ESTER

MICHELLE McCLAIN-WALTERS

Escogidos

DESIGNADO para el FAVOR
DESTINADO para la GRANDEZA

MICHELLE McCLAIN-WALTERS

ORACIONES Y DECLARACIONES
para la
MUJER
de DIOS

CONTRA el ENEMIGO

MICHELLE McCLAIN-WALTERS

LA
UNCIÓN DE
DÉBORA

MICHELLE McCLAIN-WALTERS

LA
UNCIÓN
DE LA PROFETISA
ANA

MICHELLE McCLAIN-WALTERS

 **CASA CREACIÓN**

Para vivir la Palabra

 /casacreacion
www.casacreacion.com

Te invitamos a que visites nuestra página web, donde podrás apreciar la pasión por la publicación de libros y Biblias:

www.casacreacion.com

Para vivir la Palabra